中国传统文化的审美发展与探究

黄敦明　张　莉　王思伟 ◎ 著

吉林出版集团股份有限公司

版权所有　侵权必究

图书在版编目（CIP）数据

中国传统文化的审美发展与探究 / 黄敦明，张莉，王思伟著. — 长春：吉林出版集团股份有限公司，2023.10

ISBN 978-7-5581-9757-4

Ⅰ. ①中… Ⅱ. ①黄… ②张… ③王… Ⅲ. ①中华文化—审美—研究 Ⅳ. ①K203

中国国家版本馆 CIP 数据核字（2023）第 191428 号

中国传统文化的审美发展与探究
ZHONGGUO CHUANTONG WENHUA DE SHENMEI FAZHAN YU TANJIU

著　　者	黄敦明　张　莉　王思伟
出版策划	崔文辉
责任编辑	李易媛
封面设计	文　一
出　　版	吉林出版集团股份有限公司
	（长春市福祉大路 5788 号，邮政编码：130118）
发　　行	吉林出版集团译文图书经营有限公司
	（http://shop34896900.taobao.com）
电　　话	总编办：0431-81629909　营销部：0431-81629880/81629900
印　　刷	廊坊市广阳区九洲印刷厂
开　　本	710mm×1000mm　　1/16
字　　数	250 千字
印　　张	14
版　　次	2023 年 10 月第 1 版
印　　次	2024 年 1 月第 1 次印刷
书　　号	ISBN 978-7-5581-9757-4
定　　价	78.00 元

如发现印装质量问题，影响阅读，请与印刷厂联系调换。电话 0316-2803040

前 言

  中国，作为一个拥有数千年历史的国家，拥有丰富多彩的传统文化，其中包括了各种形式的艺术、哲学、文学和审美理念。这些传统文化元素一直以来都在塑造着中国人的审美观念，也在世界范围内产生了深远的影响。中国传统文化的审美观念可以追溯到远古时代，最早的记录可以追溯到先秦时期。

  随着时间的推移，中国传统审美观念也发生了变化。在近现代，中国经历了政治、社会和文化的巨大变革，这些变革对中国的审美观念产生了深远的影响。今天，中国的审美观念呈现出多样性和复杂性。中国人既接受了国际审美趋势，也保留了传统文化的价值观。中国传统审美观强调了和谐、平衡、情感和道德，这些价值观仍然在中国社会中发挥着重要作用。同时，中国的现代艺术和文化也在不断探索新的审美领域，反映了社会变革和全球化的影响。

  在探究中国传统文化的审美发展时，我们也不能忽视其中的争议和挑战。一些人认为传统审美观念可能不再适用于现代社会，需要与国际审美标准相适应。此外，中国传统文化也面临着保护和传承的问题，一些传统工艺和技艺面临失传的危险。因此，保护和传承中国传统文化的责任也在当代社会中愈发凸显。

  总的来说，中国传统文化的审美发展与探究是一个多元而富有活力的领域。中国的传统审美观念在不断演变和发展中，融合了传统与现代、东方与西方的元素。这一领域不仅影响了中国社会的价值观和文化表达，也在国际文化交流中发挥了重要作用。保护和传承中国传统文化的审美观念，是我们继续探讨和发展的重要任务，以便让这一宝贵的文化遗产继续熠熠生辉，为未来的社会带来更多的启发和丰富。

目 录

第一章 中国传统文化 ·· 1
 第一节 浅谈中国传统文化的基本特质 ·························· 1
 第二节 科学对待中国传统文化 ································ 5

第二章 中国传统文化的发展 ···································· 10
 第一节 中国传统文化的孕育期（先秦） ························ 10
 第二节 中国传统文化的成型期（秦汉） ························ 32
 第三节 中国传统文化的发展期（魏晋南北朝） ·················· 40
 第四节 中国传统文化的隆盛期（唐宋） ························ 44
 第五节 中国传统文化的嬗变期（元） ·························· 60
 第六节 中国传统文化衰微与转型期（明清） ···················· 64

第三章 中国传统文化的表现形式 ································ 71
 第一节 中国绘画 ·· 71
 第二节 中国棋艺 ·· 87
 第三节 中国书法 ·· 111
 第四节 中国戏曲 ·· 127

第四章 中国传统文化审美概述 ·································· 151
 第一节 中国传统文化审美译介探析 ···························· 151
 第二节 审美感知与中国传统文化 ······························ 159
 第三节 从清代书画看中国传统文化的"怪诞"审美 ················ 164
 第四节 音乐符号在中国传统文化中的审美价值 ·················· 169

第五章 中国传统文化审美的发展 ································ 175
 第一节 中国传统文化与中国画审美之关系 ······················ 175

第二节　中国传统园林的华夏文化审美底蕴……………………179

　　第三节　中国传统文化与建筑审美……………………………189

　　第四节　自然在中国传统文化中的审美意象……………………191

第六章　中国传统文化审美的应用研究……………………………198

　　第一节　中国传统文化艺术与产品形态的审美传承……………198

　　第二节　中国传统文化下的音乐审美思维………………………205

　　第三节　中国传统影雕艺术的审美文化与传承…………………209

参考文献………………………………………………………………216

第一章 中国传统文化

第一节 浅谈中国传统文化的基本特质

中国传统文化总的说来是一种在"合"的整体性思维方式支配下追求和谐、崇尚道德、富有"喜感"的和合文化、德性文化、喜感文化。

一、和合文化

"和合"有和谐、和平、融合、包容、和而不同等多重含义,"和合"理念是贯穿中国传统文化的一条主线,是中国文化具有包容性、和谐性、持续性等特点的主要原因。国学大师汤一介先生认为,中国传统文化最为显著的一个特点和优势就是追求"普遍和谐","普遍和谐"的观念体现在儒释道三家的思想中,包括了自然的和谐、人与自然的和谐、人与人的和谐以及人自我身心内外的和谐四个方面,它比较全面地体现了中国文化的本质。儒家的和谐观念是以"自我身心内外的和谐"为起点,通过提高道德修养达到自我身心和谐,进而推广到"人与人的和谐"。人类社会和谐了,才能很好地处理人和自然的关系。"人与自然和谐"了,才不会破坏"自然本身的和谐"。儒家关于"和谐"的路向是:由自身之安身立命→推己及人→民胞物与→保合太和而与天地参。

"合"音同"和",二者是相通的。在文学含义上,"合"是指运动时全身上下、四肢百骸都能互相配合,协调一致,各肢体间的位置恰到好处,没有过与不及的情况,即"中和"。汤一介先生提出,中国哲学的主题和精义是"天人合一""知行合一""情景合一",这三者对应于具有普遍意义的真、善、美三个价值。中国传统哲学的主流儒家思想是康德式的"真→美→善",儒家的主流大都把论证"天人合一"或以说明"天人合一"为第一要务。中国人的思维方式主要表现为一种"合"的整体性的思维,讲究共性,具有集体主义观念、爱国主义传统。与此相反,西方文化更多地承袭了古希腊柏拉图、亚里士多德以来主客二分的思维方式。汤先生说:"欧洲(西方)的思维模式从轴心时代的柏拉图起就是以'主—客'('心—物'或'天—人')二分立论。然而中国哲学在思维模式上与之有着根本不同,也是由轴心时代就以'天人合一'('主客相即不离')立论。"从柏拉图的宇宙二元论,将现实世界与理念世界区分开来,到康德的"现象界"和"物自体"之分,西方文化中的"分"的思维方式始终占据主导地位,更多地强调个人权利至上。

二、德性文化

钱穆先生曾指出,"中国的文化精神,要言之,则是一种人文主义的道德精神"。张岱年先生说,如果把西方文化视为"智性文化",中国文化则可以称之为"德性文化"。西方文化重知识,中国文化尊德性。中国德性文化以"天人合一""物我一体"为前提,以人与自然的和谐为目标;而西方智性文化是以人和自然的对立为前提、以人类对自然的征服为目标。在主客二分的思维模式下，西方人追求的是一种向外的超越，要与自然做斗争。斗争必须借助于自然科学这种工具理性，所以，一切科学知识都是为人类改造世界服务的，甚至哲学在西方也被称为"智慧之学"。西方传统文化普遍认为人是理性的动物，理性是人区别于其他动物的重要标志，教育的目的就是追求知识、探索真理，把人培养成富有理性的人。中国传统文化一直以儒家思想为主导，而儒家文化以伦理道德为本位。孔子是儒家思想的缔造者，在长达几千年的中国传统文化与传统教育中影响最大的莫过孔子，孔子提出了"天人合德"的观点，认为人应效法于天，与天合德，以达到"天人合一"。儒家文化非常强调教化的作用，自始至终渗透了伦理道德观念。所以，汤一介先生认为，儒家学说的核心在于"教人如何做人"的方面，教育最主要的目的是培养有德行的、具有健全人格的人。

仲小燕在《论中华传统德性文化》一文中将中华传统德性文化的主要体现概括为："天人合德"的崇德意识、"厚德载物"的立德思想、"以德修身"的自律主张、"为政以德"的治国方略、"德才兼备"的人才要求和"以德报德"的伦理准则。在笔者看来，第一条是最为重要的，而中国人的崇德意识实际上与前文所述"和合"理念密不可分：要讲和谐，必与人为善。董仲舒说过："夫德莫大于和，而道莫正于中。""德"生于"和"，"和"即是"德"。德的最终目标和落脚点就是"和"，道德建设的目标就是追求和谐的价值理想。上至国家的稳定和谐，中至宗族、家庭的团结和睦，下至个人自我身心的宁静和谐，最重要的途径都是"尊德性"。周公提出，统治者必须"以德配天、敬德保民"，只有有德者才可承受天命，失德就会失去天命，有德者就会应运而生，取而代之。因此，统治者必须恭行天命，尊崇上天与祖宗的教诲，爱护天下百姓，做有德之君。《朱子家训》云："君之所贵者，仁也。臣之所贵者，忠也。父之所贵者，慈也。子之所贵者，孝也。兄之所贵者，友也。弟之所贵者，恭也。夫之所贵者，和也。妇之所贵者，柔也。事师长贵乎礼也，交朋友贵乎信也。"朱熹对君臣、父子、兄弟、夫妻、师生、朋友之间的伦理道德关系做了全面的论述，讲明了每个人在国家、社会、家庭中应尽的道德责任和相应的角色义务，构建了一个相亲和睦的理想图景，是对中国传统德性文化要求极为简洁而恰当的说明。

三、喜感文化

大致而言，中国传统文化是一种讲究和谐、追求完美、注重以和为贵的喜感文化。中国的"喜感文化"和"德性文化"都是从"和合文化"中派生出来的：在"和合"理念、"合"的整体性思维的指导下，人们在生活实践中必然注重崇德向善、热爱和平、以和为贵，其结果必然是皆大欢喜、其乐融融。简言之，"合"则"和"，"和"则"喜"。

中国的喜感文化体现在中国传统文学作品中就是一种大团圆式的结局。中国式的悲剧作品往往会在"悲剧"之后加上一个尾巴，让它有一个相对圆满的收场，典型的如《梁山伯与祝英台》《长生殿》等爱情故事，基本上都是本着"大团圆"的原则让有情人终成眷属；《窦娥冤》《赵氏孤儿》等"悲剧"中的人物最终一定是"善有善报、恶有恶报"。所以，中国悲剧是否真的属于悲剧，一直以来备受争议。依笔者看来，中国传统文学作品中的悲剧实质上都是一种"悲喜剧"，体现的是中华民族特有的人文关怀和乐观主义精神。

第二节　科学对待中国传统文化

科学对待中国传统文化，就是要以马克思主义的科学方法，整理、研究、分析传统文化，切实推动传统文化的创造性转化与创新性发展。

一、以客观的态度研究传统文化

以客观的态度研究传统文化，是对五四科学精神的继承。在五四新文化运动中，毛子水、胡适等人提出了以科学精神与科学方法研究中国传统文化的主张，他们打破了对传统经典的盲信与崇拜，而仅将其看作学术研究的材料，并以客观中立的眼光审视之。胡适认为，以科学方法"整理国故"，应从三个方向着手："第一，用历史的眼光来扩大国学研究的范围。第二，用系统的整理来部勒国学研究的资料。第三，用比较的研究来帮助国学材料的整理与解释。"胡适倡导的"整理国故"运动，对于推动中国传统文化研究范式的现代转型，产生了积极的历史作用，但也有需要反思之处。首先，从文化立场上看，"整理国故"运动的发起者多是西化论者，"整理国故"非是为了挖掘传统文化中的积极价值，将其作为"再造文明"的有益资源，而是为了揭露传统文化的糟粕，以达到其反传统的目的。胡适说："我十分相信'烂纸堆'里有无数的老鬼，能吃人，能迷人，害人的厉害胜过柏斯德（Pasteur）发现的种种病菌"，整理国故的目的即在于"用精密的方法，考出古文化的真相""可以保护人们不受鬼怪迷惑"。这种文化态度足以消解国人的文化自信。其次，从研究方法上看，胡适所谓的科学方法并没有脱离传统汉学的训诂学、校勘学、考据学的窠臼。这些工作固然是研究传统文化之必需，但由于缺乏社会科学理论的指导，对许多历史文化现象无法予以合理的解释。对此，胡适的弟子唐德刚批评说："搞'整理国故'的人，多少要有一点现代社会科学、比较史学、比较文学、比较哲学等方面的训练，各搞一专科。否则只是抱着部十三经和诸子百家'互校'，那你就一辈子跳不出'乾嘉学派'的老框框。"

马克思主义者对传统文化的研究整体上超越了"整理国故"运动。唯物史观既是一种社会科学方法论，也是研究传统文化的科学方法论。从唯物史观出发，文化是在一定的生产力水平及由此决定的社会关系的基础上生发出来的，它以此为生存与发展的土壤，并因其变化而发生变化。因此，马克思主义始终将文化与其所依存的现实生活世界联系在一起来考察，所以它可以充分吸收自然科学与社会科学的优秀成果，以深入而准确地认识历史文化现象。在学术史上，郭沫若、翦伯赞、范文澜、吕振羽、侯外庐等马克思主义史学家以唯物史观为指导，加之以扎实的材料搜集整理功夫，曾在中国古代史领域创获丰硕的理论成果。在新时代，我们应继续以马克思主义科学理论为指导，加强对中华传统文化的整理与研究。

二、以历史的态度分析传统文化

以历史的态度分析传统文化，就是要辩证地对待传统文化。传统文化并不是首尾一贯的整体，而是包含着各种文化元素，因此难免鱼目混珠、良莠不齐。我们既要避免历史虚无主义与文化虚无主义的态度，充分肯定优秀传统文化在历史和现实中的积极作用；也要避免盲目尊古崇古的唯古主义态度，以免传统文化中的糟粕沉渣再起。

以历史的态度分析传统文化，就是要具体地评价传统文化。历史唯物主义既是正确认识传统文化的科学方法论，也是评价传统文化的价值尺度。在历史唯物主义的视野下，所有的文化现象是在一定的生产力水平及由此决定的社会关系的基础上生发出来的，它以此为生存与发展的土壤，并因其变化而发生变化。因此，对于传统文化中的不同文化元素，要把它们放在具体的历史情境中予以具体的分析，从而分判那些曾在历史中发生过积极作用，但如今已完全失去其价值的元素，以及那些具体内容已随着社会生活的变迁而被抛弃，但其理念可以通过赋予新的内涵而仍能再焕光辉的元素。

以历史的态度分析传统文化，就是要古为今用地简择传统文化。简择、弘扬优秀传统文化的标准，即在于是否符合现代社会文明发展的方向，是否符合中国现代化建设的需求，是否可以为社会主义文化建设贡献资源。

以"孝道"为例。"孝"是中国传统文化的核心价值观念之一，中华民族对于孝道的弘扬，乃是出于一种自然的情感，孔子所追求的"老者安之，少者怀之，朋友信之"（《论语·公冶长》），孟子所言的"君子有三乐"中居于首位的"父母俱在，兄弟无故"（《孟子·尽心上》），至今仍能引发人们深层的情感共鸣。但在后世的发展过程中，孝道失去了"父父子子"这种父子相对待的关系前提，而变成一种绝对的道德律令，于是产生出许多非理性的、悖于常情的内容，如"二十四孝"所宣扬的"郭巨埋儿"等。在弘扬孝道时，要将其本质与历史中"伦理异化"的内容区分开来，使其既能够与现代社会对平等人格的追求相兼容，又适应现代社会结构与家庭结构的特征，从而在和睦家庭、安定社会、培养良好的个人品格与社会风气中发挥积极作用。

三、以实践的态度推动传统文化与现实生活的融合

推动传统文化与现实生活的融合，是马克思主义思想品格的内在要求。马克思主义从诞生之日起，就具有一种现实的品格。在当今世界，人类面临着许多重大问题，如贫富差距的持续扩大、人与自然关系的日趋紧张等，要解决这些问题，就必须积极汲取传统文化的营养元素，将其成为改造现实生活的精神力量与思想资源，为人类提供正确的精神指引。

推动传统文化与现实生活的融合，是传统文化延续与发展的内在要求。传统与现实并不是截然对立的，而是处于辩证统一的关系中。一方面，现实并不是凭空而来的，而是历史发展的一个阶段，是从过去走向未来的一个环节。因此，传统文化并不是博物馆里的陈列，而是存在于现代思想文化中的活的要素。宣传与弘扬传统文化，就是要把跨越时空、超越国界、富有永恒魅力、具有当代价值的文化精神弘扬起来，激活其内在的强大生命力，使其更好地为现实生活服务。另一方面，"人能弘道，非道弘人"（《论语·卫灵公》），传统文化不能自行延续与发展，它是通过代代传薪者与文化传统的对话解决自身所处的现实困境，而得以充实与发展起来的。因此，中国传统文化并不是一成不变、封闭保守的思想体系，而是蕴含着多元的思想因素，在不同时代、不同地域呈现出多样化的文化风貌。

推动传统文化与现实生活的融合，是建设社会主义先进文化的现实要求。我们现在正处于建设社会主义强国、实现中华民族伟大复兴的关键时期，这

需要我们更加坚定自己的民族自豪感与文化自信心，充分发扬中华民族的伟大创造精神、伟大奋斗精神、伟大团结精神、伟大梦想精神，为实现伟大目标而不懈奋斗。

第二章 中国传统文化的发展

第一节 中国传统文化的孕育期（先秦）

一、上古：中国文化的发生

盘古和女娲的传说。文化的实质性含义就是"人化"或"人类化"。有了人就有了文化。中国人从哪里来？更进一步问，人从哪里来？我们的祖先曾为这千古之谜而深深困惑。他们百思不得其解，只得借助想像，构造了一个又一个美妙的神话传说来回答自己并遗诸子孙。有名的盘古开天创世传说这样记载：

天地混沌如鸡子，盘古生其中。万八千岁，天地开辟，阳清为天，阴浊为地，盘古在其中，一日九变。神于天，圣于地。天日高一丈，地日厚一丈，盘古日长一丈。如此万八千岁，天数极高，地数极深，盘古极长。后乃有三皇。数起于一，立于三，成于五，盛于七，处于九，故天去地九万里。（《三五历记》）首生盘古，垂死化身；气成风云，声为雷霆，左眼为日，右眼为月，四肢五体为四极五岳，血液为江河，筋脉为地理，肌肉为田土，发髭为星辰，皮毛为草木，齿骨为金玉，精髓为珠玉，汗流为雨泽。身之诸虫，因风所感，化为黎甿。(《五运历年记》)更有名的是女娲造人的神话:俗说天地开辟,未有人民,女娲抟黄土做人,剧务力不暇供,乃引绳于泥中,举以为人。《风俗通义》据鲁迅解释,女蜗所引之绳,是她"信手一拉,拔起一株从山上长到天边的紫藤"(《故事新编·补天》)。女蜗将紫藤伸进泥潭,搅浑泥浆,向四面挥洒,泥点溅落,变成许许多多活蹦乱跳的小人。人总会死去,为免除无休止的造人劳作之苦,女娲又把男人和女人配合起来,让他们自己去繁衍后代。"女娲祷祠神,祈而为女媒,因置婚姻。"(《风俗通义》)今天看来,这些瑰丽的传说试图解答中华民族乃至人类起源的奥秘,不过是一种原始人的想像而已。

根据"大陆飘移"和"板块构造"学说,在距今3亿年前的古生代石炭纪,原始大陆是一个整体。到距今7000万年的中生代白垩纪,破裂为几大板块,板块之间发生横向位移,并产生碰撞。距今1800万年时,印度板块脱离冈瓦纳大陆,向北漂移4000英里,与欧亚板块发生碰撞,引起新构造运动,其结果是喜马拉雅山系的隆起。由于巨大的挤压作用,该山系在东经100°附近猛烈转折,形成南北走向、高山深谷、褶皱密集的横断山脉。地壳的剧烈运动从根本上改变了这一地区的生态环境。原有的热带、亚热带森林景观消失,代之以冷燥的疏林草原景观。腊玛古猿赖以生存的温暖气候,尤其是果实丰厚的密林不复存在,为了生存,们不得不下到地面,两足站立,迈开了生物进化链中关键的一步——向人转变。横断山脉东侧地区因此成为人类的摇篮之一。正是在这一地区,1965年5月,我国学者从云南元谋上那蚌村发现了距今170万年的猿人化石,定名为元谋猿人。在其后百余万年,我国许多地区都曾有过人类活动的足迹。迄今为止,已经发现的人属中第一批成员的直立人猿人化石还有：陕西蓝田人（距今65万~80万年），北京人（距今约69万年），河南南召人（距今50万年），安徽合县人（距今30万~40万年）。如果说直立人还是恩格斯称的"正在形成中的人"，那么智人便是他所称的"完全的人"。现今中国版图内出土的早期智人（"古人"）化石有：广东马坝人（距今约20万年），陕西大荔人（距今约10余万年），山西许家窑人（距今约10万年）。晚期智人（"新人"）化石有：内蒙河套人（距今约5万~3.5万年），黑龙江哈尔滨人（距今2.2万年），北京山顶洞人（距今1.8万年），四川资阳人（距今7000年）。根据人种学分类，中国人属蒙古人种。从元谋人、蓝田人到马坝人、大荔人再到柳江人、山顶洞人，颧骨高突、铲形门齿、印加骨、额中缝等一系列现代蒙古人种所具有的典型体征始终一脉相承，但同时又有了明显的进化趋势。经过上百万年的艰难进化，我们的祖先终于彻底地与猿类分手，走向了崭新的世界。

"人猿相揖别，只几个石头磨过"，人类的文化史与人类的形成史同步。中华文化的曙光正是从旧石器时代升起。这一时代，中华先民在极为困苦的条件下，以石器的研磨敲打，演出中华文化史诗的前奏。他们所能简便、大量、直接利用的自然物，只有坚硬的石块。在近百万年实践的启发、训练下，他们学会运用碰砧、打击、刮削等方法，对石块进行简单加工，使之成为实用的工具。考古学上将这一时期称为旧石器时代。上述从元谋人直至资阳人，均处于这一时代。火的使用是旧石器时代先民的一项具有划时代意义的伟大文化创造，恩格斯曾称用火是"第一次使人支配了一种自然力，从而最终把人同动物界分开"。在中国神话传说中，取火技术的发明权有时记在"燧人氏"名下，"谓之燧人何？钻木燧取火，教民熟食"（《白虎通考》）；有时记在"伏羲"名下,"伏羲禅于伯牛,钻木作火"(《绎史》卷三);有时又归功于"黄帝":"黄帝钻燧生火,以熟荤臊,民食之无肠胃之病"(《太平御览》卷79)。这种歧说并陈的现象,正反映了原始初民经过广泛的、多渠道的实践才发明取火技术的文化史本来面目。随着人们制造石器工艺水平的提高,磨制的较精致石器逐渐取代打制的较粗糙石器。从距今7000年开始,中华先民进入新石器时代。迄今为止,在遍及现今全国所有省、市、自治区的辽阔版图内,已发现新石器时代的文化遗址达七八千处。新石器时代物质文化领域的重大革命是农业、畜牧业取代采集、狩猎,成为首要的生产门类。在长期的采集活动中,人们发现植物生长的周期性规律,开始人工种植某些可供食用的野生植物,这便是农业的起源。中国上古神话中关于农业的起源有一些美妙的传说:"神农之时,天雨粟,神农遂耕而种之;作陶冶斤斧,为耒耜锄耨,以垦草莽,然后五谷兴助,百果藏实。"(《绎史》)"天雨粟",曲折地反映了原始农业对于自然条件(天)的极度依赖;"弃(后稷)为儿时,屹如巨人之志,其游戏,好种树麻菽,麻菽美。及为成人,遂好耕农,相地之宜,宜谷者稼穑焉,民皆法则之"(《史记·周本纪》),农耕初为孩童的儿戏之作,后来才成为专门产业,也暗示有计划地大规模种植瓜果谷物,经历了一个从不自觉到自觉的演进过程。中华文化的农业基础,从新石器时代便开始铺垫。

当人类能够分清主客体之后,先民便开始试图对长期困惑他们的自然现象,例如月落日升、电闪雷鸣、草木枯荣、动物乃至人类自身的生死,提出各种疑问和解释。在这当中梦幻诱发了先民的"灵魂"观念。在梦中有激烈的争斗、危险的狩猎,也有失败的沮丧、成功的欢悦……但是一觉醒来,伴随他们的却只有空寂的寒夜与阴冷的山风。他们不仅在思考"问苍茫大地，谁主沉浮？"在这种诱导下先民设想出一种寄寓于人体之内，但又不受身体制约、在人们睡梦中或死亡后便离开躯体自由活动的"灵魂"的存在。这种观念扩而大之，他们便认为举凡世上不受人的身体直接控制、不受人的意愿随意支配的万事万物，都是受某种神灵驱使。

于是，所有影响作用于人类生活的自然物、自然力，纷纷被幻化为形形色色的神灵：日神、月神、雷公、电母、土地爷、河伯……祈祷这些神灵保佑平安，帮助先民战胜无法预料又无力抵御的灾祸，原始宗教由此发端。中华先民原始宗教崇拜的对象非常广泛，大致可分为自然崇拜、祖先崇拜和图腾崇拜三大类。

自然崇拜。中华先民最先感受到的，是自然的存在及其巨大威力。自然物、自然力因此成为最古老的崇拜对象。对已进入农耕时期的新石器时代的中华先民来说，太阳普照大地，土地滋养万物，太阳和土地是他们赖以生存的依靠，也是他们虔诚供奉的神祇。

祖先崇拜。中华先民对自身的繁衍非常关注，由此产生了生殖崇拜。同时，也崇敬创造生命的祖先，在母系社会主要是供奉女性祖先，随着父系社会的到来，男性祖先逐渐成为供奉的对象。祖先崇拜往往有严格的仪式，在这些仪式中，中华先民虔诚地寄托对祖先创造生命的崇拜。

图腾崇拜。与自然崇拜和生殖—祖先崇拜相比，图腾崇拜是较为高级的宗教形式。"图腾"是美洲印第安人奥基华斯部落的语言，表示氏族徽号或标志。新石器时代的中华先民一般都相信自己的氏族与某种动物、植物或无生物之间有一种特殊的亲密联系，并以之作为氏族的崇拜对象和标志，这便是"图腾"。图腾有的是现成的自然物，有的是人们运用抽象、概括的思维能力创造出来的并非实有的信仰对象，前者如鸟、鱼、熊，后者如龙、凤。抽象的、非实有崇拜对象的诞生，是原始宗教走向成熟的起点。它是人类思维进步的产物，同时又从根本上体现了"人创造了宗教，而非宗教创造了人"的宗教文化的本质。考古发掘和神话传说里，有丰富的图腾崇拜的资料。相传黄帝率熊、罴、貔、貅、豹、虎六兽同炎帝殊死搏斗，这六兽其实是指以其为各自图腾的六个氏族。河姆渡遗址的象牙雕刻中有鸟的图案，陕西半坡遗址的陶器上刻有人面鱼纹，鸟、鱼分别是该氏族的图腾。江苏吴县良渚文化墓葬出土的器物上不仅刻有鱼、鸟、兽的形象，还有一种似蛇非蛇、似龙非龙的勾连花纹，据分析可能与古越人的龙图腾崇拜有关。1971年内蒙古翁牛特旗三星他拉村红山文化遗址发掘出一大型玉龙，呈墨绿色，高26厘米，体蜷曲为"C"字形，吻部前伸，双眼突起，造型生动，工艺精美。考古工作者分析，其龙首形象可能源于与其时人们生活密切相关的猪。"龙首源于猪首，生动地说明，这种似乎高不可攀的神物，最初并非单纯幻想的产物，而是原始农人从日常生产和生活中创造出来的形象。"玉龙"显然是被神化了的神灵崇拜物"。在南北相距数千公里的不同新石器时代文化遗址里分别发现龙的图腾，表明中华民族的龙崇拜至少已有五千年的历史文化渊源。闻一多称龙是中华民族"发祥和文化肇端的象征"，我们今天更常以"龙的传人"自居，这种观念从意识形态方面去探本溯源，都会在原始宗教的龙图腾崇拜中找到依本。虽然我们今天看到的龙的形象已经有别于五千年前的中华先民心目中的神圣的图腾，但是不难发现，二者之间有着生动的形象转换的关系。龙头似牛似猪似熊似虎，龙身似蛇似鱼，龙爪又似禽。这种情况比较合理的文化学解释是：随着氏族、部落之间的相互融合，作为氏族标识的各种图腾形象也产生了拼合，飞禽走兽游鱼，各取其外形特点鲜明的部位，拼合出一种综合性的、虚拟的动物，以之作为打破了血缘关系而按照地域划分人群的文明时代中华先民共同崇拜的全民族的保护神。中华文化的多元发生，不仅有考古学方面的充足论据，也得到了神话传说及民族学、民俗学方面的有力说明。中华民族的多元组成与中华文化的多元发生，是同一问题的两面。"华夏民族，非一族所成。太古以来，诸族错居，接触交通，各去小异而大同，渐化合以成一族之形，后世所谓诸夏是也"（梁启超《饮冰室合集》第十一册），中华民族的远祖，可分为华夏、东夷、苗蛮三大文化集团。中华先民的一部分，很早就自称"诸夏"或"华夏"，或单称"华""夏"。华夏集团发祥于黄土高原，其内部又分为两支，一支称黄帝，另一支称炎帝（黄帝与炎帝，均既是个人的名字，又是氏族的称号）。黄帝列五帝之首，炎帝是他的弟弟，颛顼是他的孙子，帝喾是他的曾孙。夏、商、周人的始祖，都与黄帝有联系。夏人的始祖是治水的大禹，而大禹是黄帝的玄孙。

商人的始祖契，相传为简狄吞食玄鸟之卵而生，这简狄原是黄帝曾孙帝喾的次妃。相传周人的始祖后稷为姜嫄踏天帝足印感怀而产，这姜嫄却是帝喾的元妃。正因为如此，黄帝便成为中华民族共同祭奠的先祖，华夏集团亦成为中华民族的古老代表了。东夷集团的活动区域，大致在今山东、河南东南和安徽中部一带。与黄帝恶战的蚩尤、凿井的伯益、射日的后羿、为舜掌管刑法的皋陶，都属于这个集团。苗蛮集团主要活动于今湖北、湖南、江西一带。大名鼎鼎的伏羲、女娲都属于这个集团。随着生产力的发展，私有财产、私有观念的萌生，异姓部落各有自己的利益和崇尚，终于导致兄弟同室操戈，也是很自然的事。先是黄帝与炎帝的争斗，最后炎帝溃败，向东南方转移，渐与东夷和苗蛮集团融合。黄帝后来能独自成为华夏集团的代表，这是重要原因。且说这炎帝流落东方，其后裔蚩尤，向华夏集团掩杀过来。"黄帝以仁义，不能止蚩尤，乃仰天而叹"，被迫在"涿鹿之野"布下阵势，与蚩尤决一死战。几经恶战，黄帝抓住蚩尤，在黎山之丘将他处死。蚩尤戴过的枷锁，被掷于大荒之中，宋山之上，化为一片火红的枫树林。随后，华夏集团在与苗蛮集团的冲突中，华夏集团取得了胜利，中原地区较先进的巫教风俗，也在两湖三湘之地流行开来。这样，由于华夏集团的连续胜利，巩固了自己在中华民族及其文化多元发生中的主流地位。"华夏"，也进而成为中华民族的历史称号。

二、殷商西周：从神本走向人本

世界上任何民族的文化，都经历了一个由以神为本向以人为本发展的过程。这是因为早期人类面对自然界的各种变化深感无能为力，不得不将自身的幸福寄托种种"神灵"的庇护和保佑。就中国文化史而言，殷商时代是天神至上的时代，宗教迷信观念占着支配地位，形成了一种以祖先崇拜和天神崇拜为价值取向的粗陋的王权神授理论和宗教信仰。但是神毕竟是人类凭借幻觉和想象构造出来，欺骗自己的"异化"之物，它并不能真正给予人类一丝一毫的具体帮助。所以随着实践经验的丰富和智力、体力水平的不断提升，人类对于神的力量的崇拜便渐次淡薄，而对于自身能力的信心却与日俱增。于是，以神为本的文化便逐渐向以人为本的文化过渡。从西周开始，社会文化浓郁的宗教迷信氛围渐次被注重世事的精神所冲淡，"周人尊礼尚施，事鬼敬神而远之"(《礼记·表记》)。把对天神的无条件的绝对依赖,修正为有条件的相对崇拜。人们在理性之光的照耀下,开始伸直腰杆,着力于创造现实的美好人生。

(一)殷商神本节化

商人发祥于山东半岛渤海湾。在初始阶段,商人主要从事游耕农业,其都城不定。大约在公元前14世纪商族在第十代君王盘庚率领下,从奄(今山东曲阜)迁徙并定都于殷(今安阳小屯村),在此传位八代十二王,历时273年。

甲骨文的出现,标志着我国文字进入了成熟阶段。在我国,很早就有"仓颉造字"的传说。但从科学角度来说,汉字是由原始社会晚期已经普遍存在于陶器上的抽象符号和概括式图形符号这两种表意符号分化、质变、创新而产生出来的。但符号毕竟不能等同于文字。陶符可以信手画来,只要自己明白就行,而文字却需要得到社会的认可,不可能人人随心所欲。完成从陶符到文字的转变、定型工作,只能是社会中脱离体力劳动的专门知识人才。殷商是迷信的时代,因此有一批专管人神交流的"巫史",他们将占卜的行为和言辞刻在龟甲和兽骨上,就形成甲骨文。甲骨文上承陶符,下启金文,它基本体现出汉字结构的规律(六书)。这样,就使得殷商人率先"有册有典"。

神本节化特色。这种神本特色表现在观念、方法、特点方面。在观念上主要是宗天、尚鬼。宗天,意味着对自然神的虔诚崇拜。殷人祭风雨、祭星辰、祭山川、祭土地,但在他们心目中,地位最崇高的,乃是"天皇大帝耀瑰宝"——太阳神。据卜辞记载:乙巳卜,王宾日。庚子卜贞,王宾日亡尤。

出，入日，岁三牛。辛未卜，又出于日。郭沫若断定，殷人每天早、晚均有迎日出、送日入的仪式。"宾日""出，入日""又于出日"，正是这类活动的记录。这是因为在殷人的观念中，至上神同时又是自己的宗祖神。"天命玄鸟，降而生商。"（《商颂·玄鸟》）据卜辞记，殷人认为王母简狄在春分时节去河边沐浴，吞食玄鸟遗卵，怀孕产契。玄鸟是天的使者，殷人的祖先契也就是天的儿子，天神自然也就等同于自己的宗祖神。因此，宗天与祭祖在殷人那里是密不可分的。尚鬼，殷人迷信人死之后，精灵不灭，称为鬼。"众生必死，死必归土，此之谓鬼。"（《礼·祭义》）所谓天神、地祇、人鬼，都是大千世界中游荡不息的神灵，统统都在殷人的顶礼膜拜之中。殷人诚惶诚恐地奉祀祖先，是因为他们确信在冥冥上界，祖先的亡灵时时刻刻都在监视人间的事务，随时随地准备予以训诫和惩罚。日常起居，诸多禁忌，神经紧张，疑神疑鬼，几乎到了无处不祟，动辄得咎的程度。殷人尚鬼，成为一时的文化现象。在方法上主要是嗜酒和占卜。殷人毫不怀疑人神之间相互交通。但在现实生活中，头脑清醒时，人神交通很难取得出神入化的满意效果，而酒正好可以帮助人们在醉眼朦胧中置身于与神共处的美妙氛围。酿酒的罍、贮酒的壶、贮而备斟的尊、盛鬯备送的卣、温酒的盉、烫酒的瓢，斟酒的斗、爵、觯……不一而足。富者用铜制，贫者用陶制，阶级身份有别，而嗜酒之风则同。但是人总是清醒时多一些，在这种情况下，为了达到人神交流，就用占卜的方法来取得神的旨意。所以他们在日常生活中事无巨细，都要先卜而后行，几乎到了无事不卜、无日不卜的地步。年岁丰歉、出入吉凶、旬夕安否、战争胜负、官吏黜陟、疾病轻重、妇女生育，统统都在占卜之列。而且一卜总要连问多次，正卜、反卜、一卜、再卜以至于十几卜。其特点是重巫。巫史在殷商西周时代（尤以殷商更甚）的社会宗教、政治生活中占有崇高的地位。从宗教方面说，他们是神人交通的媒介，因而是神的意志的唯一的权威阐释者和神权的实际掌握者。从政治方面说，巫史以上天意志的代表自居，有权训御君主的言行。"天子听政，使公卿至于列士献诗，瞽献曲，史献书，师箴，瞍赋，矇诵，百工谏，庶人传语，近臣尽规，亲戚补察，瞽史教诲，耆艾修之，而后王斟酌焉，是以事行而不悖。"（《国语·周语上》）巫史不仅是社会的精神领袖，而且在政治统治机构内也居于显赫地位。尽管这样，商王既是政治上最高的统治者又是最高的祭司。总之，如果说宗天、尚鬼和嗜酒的习俗为殷代平民和奴隶步入虚幻之境以摆脱黑暗现实提供了唯一可供逃遁的天堂之门，那么对殷商统治阶级来说，宗天、尚鬼和嗜酒的日趋极端——不惜残民以事神，为了避祟，杀牛宰羊还不够，还要斩杀几十上百的奴隶，导致腥秽上冲，天怒人怨，一朝覆亡。

（二）周的人本节化

"周"是一个历史几乎与"商"同样悠久的部落，作为偏处西方的"小邦"，它曾经长期附属于商。经过数百年的惨淡经营，周族部落逐渐强大，并利用商纣的腐败和商人的主力部队转战东南淮夷之机，起兵伐纣。公元前11世纪，建立了周朝。

"天命靡常"的旗帜。当周取代商之后，为了宣扬自己的正统性，用"天命靡常"作为旗帜。一则警告殷商遗民，老老实实承认天命已经转移于周人的现实，不要逆天意而妄动；一则告诫周初统治者，"宜鉴于殷，骏命不易。命之不易，无遏尔躬"（《诗经·大雅·文王》）。那么如何才能使"靡常"

的天命不再转移，永久地照耀周原的沃土呢？仅仅依靠虔诚的供奉和祈祷显然无济于事。因为，殷人在这方面可以说是竭尽了全力，可还是被上天无情地抛弃。鉴于此，就要从纯宗教的范畴扩展、转移到现实政治领域。"受禄于天"的必要前提条件，并不在祭物的丰厚和礼拜的虔诚，而在于统治者的"宜民宜人"。"皇矣上帝，求民之莫"，仁慈的上天，原本就是保佑人民安居乐业的啊！周人明智地感悟到，要想江山"本支百世""于万斯年"，唯一的途径就是"王配于京，世德作求，永言配命"（《诗经·大雅·下武》），"小心翼翼，昭事上帝，聿怀多福"《诗经·大雅·文王》。配命、多福的神旨获得，就在"宜民宜人"的人事努力之中。

敬德保民的宗旨。周人进而提出"德"的概念，作为统治者"宜民宜人"的立论依据。"德"在殷商卜辞中从未出现，可见它是周人独创的思想。"德"具有多方面的理论内涵。从宗教方面，"帝谓文王，予怀明德……不识不知，顺帝之则"（《诗经·大雅·皇矣》）；从政治方面，"民之质矣，日用饮食。群黎百姓，编为尔德"（《诗经·小雅·天保》）；从个人修养方面，"既见君子，孔燕岂弟。宜兄宜弟，令德寿岂"（《诗经·小雅》）。三者之中，尤以伦理内容为核心。只有统治者自身修养达到"德"的境界，才能实现"宜民宜人"，从而得到"靡常"天命的长久垂青。把"敬德"观念落实到"宜民宜人"的现实中就是"保民"，这不仅是对殷人"尚鬼"文化的反驳，而且是人本思想的实践。因为殷人极尽奉神事鬼之能事，终不免牧野倒戈，江山易主，这不啻给予周人以明确警告：真正可畏的，并非天神人鬼，而是芸芸众生。《尚书·康诰》记载着周公对康叔的谆谆告诫：为民除恶当如病痛在身，不可有丝毫的松懈。天威之明，唯德是辅。德之与否，验之民情便一目了然。小民难保，就要尽心尽力，毋苟安淫乐，这才是治民之道。由此可见周人保民思想的实质——就是为了保王，所以保民是比宗天、尚鬼更为急迫的现实课题。可见周公的本意，原来并不包括悲天悯民的慈悲情怀，但其中包含的"民之所欲，天必从之"的思想因子（《左传·昭公元年》），却开启了春秋战国之时大兴的民本思潮之先河。应该说"德"的出现是中国文化史上乃至整个中华民族历史上里程碑式的标志；这对于中华民族文化心理的建构，文化形象的塑造，都起到基础和骨架的作用，它的主要发明人周公，也因此而成为后世志士仁人心中的偶像。

制礼作乐的意义。从西周开始，祖先的世界与神的世界逐渐分开，成为两个范畴的问题。周人取殷而代之以后，面临着两种选择：或者把上帝与殷人子姓祖先的关系切断，而把它与自己的姬姓祖先接上关系；或者干脆把上帝与人类始祖的血缘联系一刀截开，把人与神划分到不同的血缘系统中去。周人祖先后稷之母姜源"履帝武"而孕的传说，表明第一种选择曾为周人所尝试，但周代日后宗教观念的发展却证明，后一路径才是他们最终的选择。所以与殷人不同，周人的祖先本身已不是神了。割断人神之间的脐带以后，人类本身、氏族本身的自然血缘关系便成为巩固社会秩序的主要因素。正是在这种观念驱使之下，首先建立了完备的宗法制度（在前已论述过，这里不再重复）。其次就是制礼作乐。所谓制礼作乐就是把上下尊卑等级关系固定下来的礼制和与之相配合的情感艺术系统（乐）。礼起源于原始时代的社会习俗和祭祀仪规，进入文明和国家阶段，统治阶级便对之加以改造和条例化，以作为稳定社会秩序的制度手段。如商周时代的"乡饮酒礼"，便沿袭氏族制习俗，在会食聚餐时，尊长敬老，合议军政。周代的礼制是周代制度文化、行为文化和观念文化的集中体现，它既是典章制度的总汇，又是政治生活、经济生活、社会生活、家庭生活各种行为规范的准则。"道德仁义，非礼不成；教训正俗，非礼不备；纷争辨讼，非礼不决；君臣上下，父子兄弟，非礼威严不行，祷词祭礼，供给鬼神，非礼不诚不庄。"（《礼记·曲礼》）周人的礼，包括形式和内容两个方面。其形式为"仪"，即各种礼节和仪式。周制规定，各种贵族祭祀、用兵、朝觐、婚丧，都要遵循严格的合乎其等级身份的礼节仪式，以体现君臣、父子、兄弟、夫妻的上下尊卑之别。礼的内容，一是"亲亲"贯彻血缘宗族原则；二是"尊尊"，执行政治关系的等级原则。周代礼制的内容与形式统一在其主旨上，就是"别贵贱、序尊卑"，以保证"天无二日，士无二主，国无二君，家无二尊，以一治也"（《礼记·丧服四制》）。乐在原始时代的社会习俗和祭祀仪规中，与礼相配合使用，但这只是"自在"结合。到西周时代，统治者"人为"地将礼和乐结合起来，"相须为用"，礼乐偕配，形成其他民族文化史上少见的礼乐制度。在礼乐制度下，"乐"不仅指歌、舞、曲，而且包括与礼制相偕配的所有艺术程式和意识规范。如果说，基于宗法制度的礼从外部给人提供一种强制的社会规范，那么，基于审美情感的乐则是从内部为人塑造一种自律的文化规范，所谓"乐由中出，礼自外作"，其目的都在于"整民"。有了礼的规范、政的划一、刑的强制，配之以乐的感染，便能统一民心，成就"王道""治道"，这正是周代"制礼作乐"的深远用意。礼乐制度与宗法制和分封制相表里，通过具体的行为规则、礼典仪式，以及表示身份差别的舆服族旗、宫室器用等，体现在人们政治生活和社会交往中，都必须"合礼""合理"，达到"非礼勿视，非礼勿听，非礼勿言，非礼勿动"（《论语·颜渊》）。

总之，周的人本节化从里到外，无不渗透着强烈的伦理道德精神，它对中国传统文化中的德治主义、民本主义有着不可估量的影响。

三、春秋战国：中国文化"轴心时代"

公元前722年，周平王从关中盆地丰镐东迁到伊洛盆地的洛邑，从而揭开了春秋战国的帷幕。春秋300年间"弑君三十六，亡国五十二，诸侯奔走不得保其社稷者不计其数"（《史记·太史公自序》）；战国250余年间，发生大小战争220余次，"争地以战，杀人盈野；争城以战，杀人盈城"（《孟子·离娄上》）；呈现出"礼崩乐坏"的局面。然而，在这个充满血污与战乱的动荡时代，中国文化却奏起了辉煌的乐章。

（一）春秋战国的文化背景

春秋战国的文化辉煌，最根本的是由于社会大变革时代为各阶级、集团的思想家发表自己的主张，进行"百家争鸣"提供了历史舞台，同时它也有赖于多种因素的契合。首先是"士"阶层的崛起。"士"是一个内涵和外延都很广泛的历史概念，在严格的宗法制社会里，士原本属于统治阶级的一部分，终身依附于卿大夫，不得有丝毫僭越之举。由于宗法制度的崩溃，他们失去了生活保障，除了"六艺"知识，已经一无所有；同时他们不再依附于宗族，也不受卿大夫的役使，获得了较大的人身自由。也由于春秋时期的社会剧变，松动了宗法制度的坚硬地表，也就为庶人中大批知识人才的破土而出创造了条件。这些人都有自觉的道德修养、博大的胸怀与开放的心态，更重要的是他们都有强烈的政治参与意识，所以使得他们担当了社会转型时期的文化主体。其次有宽松的学术环境。由于激烈的兼并战争打破了孤立、静态的生活格局，使得文化传播能够在冲突、交织与渗透中进行重组的机会；也因为各竞相争霸的诸侯列国尚未建立一统的观念形态，文化人有可能进行独立的、富于创造性的精神劳动；同时，随着周天子"共主"地位的丧失，世受专制的宫廷文化官员纷纷走向下层或转移到列国，直接推动私家学者集团兴起。正是上述各因素的聚合，为中华民族的精神发展创造了一个千载难逢的契机。气势恢弘的诸子"百家争鸣"，正是在这样的文化背景下应运而生的。

（二）百家兴起及其学派的历史特征

所谓"百家"，当然只是诸子蜂起、学派林立的文化现象的一种概说。对于其间主要流派，古代史学家有不同的论说，西汉司马谈将诸子概括为阴阳、儒、墨、名、法、道德六家，西汉刘歆又将诸子归为儒、墨、道、名、法、阴阳、农、纵横、杂、小说十家。本书无意详列他们的成果，只从如何奠定中华文化之基石，长久作用于中华民族文化心理这一角度，对其中影响最大的儒、墨、道、法、阴阳五家做简要分析。

（1）儒的醇厚。在诸子中，孔子创立的儒家，以重血亲人伦、重现世事功、重实用理性、重道德修养的醇厚之风，独树一帜。它继承血缘宗法时代的原始民主和原始人道遗风，切合春秋战国时代谋求安定生活的普遍社会心理，并为之设计了易行的实践手段，因而成为时代的"显学"。具体来说，在天道观上，儒家承袭西周史官文化以"天命"与"人德"相配合的思路，宣扬"畏天命，畏圣人之言"，同时又对神灵崇拜做淡化处理，甚至声言"未能事人焉能事鬼""未知生，焉知死"，实际上是把超自然的信仰放到了现实人事的从属地位。在历史观上，它标榜"信而好古"，每每试图恢复"周公之礼"，将捍卫三代典章文物当作自己的神圣使命，同时以不排斥对不符合时代潮流的礼俗政令加以适当的变通修改。在社会伦理观上，它以"仁"释礼，把外在的等级制度、历史传统，转化为内在的道德伦理意识的自觉要求，从整顿人的社会性（人际关系）中最基本、最一般、最亲密的家庭关系入手，讲求父义、母慈、兄友、弟恭、子孝，并以家国同构精神推而广之，讲求"父子有亲、君臣有义、夫妇有别、长幼有序、朋友有信"，从而扶宗法等级大厦之将倾。这种由血统而政统而道统的致思路径，深刻启发了后世儒者，创造出一整套正心诚意、修身齐家、治国平天下的理论。先由社会政治收缩为家庭人伦，再由家庭人伦发散到社会政治，完成这样一次往返之后，"仁学"便因其植根于亿万人心深处最切近、最亲密、最难以摆脱、最本能捍卫的血亲观念之上，而获得远胜于其他学派的巩固地位，从而构筑起中国传统文化伦理—社会—政治学说基本框架的理论基础。在认知观上，孔子强调以知(智)为认知手段，诱导社会成员知仁、循礼、行义。他承认人的先天素质有差异，"生而知之者上也，学而知之者次之；困而学之，又其次也；困而不学，民斯为下矣"（《论语·季氏》）。虽然"唯上智与下愚不移"，但是毕竟任何人都有"知"的可能条件，因此，如果就"所以知之在人者谓之知，知有所合谓之智，所以能之在人者谓之能，能有所合谓之能"（《荀子·正名》）而言，又是人人平等的，而这恰恰是全社会意义上的"为仁由己"的前提。孔子非常重视对人民进行"教化"，在更多的场合，孔子是以教育家而非哲人或政治家的面貌出现的，后世之"儒者"，也成为"学人""教师"的代名词。应该说，这种充满理性实践精神的问学、施教之道，是儒学体系中最具科学意义的组成部分。这一思想精华对于中华民族以入世思想为主导心理，全民族的宗教迷狂得以避免，起到了导向作用。

（2）墨的谨严。在百家争鸣中，与儒家一样居于显学地位的学派是鲁国人墨翟所创立的墨家。如果说孔子是古代文化的辩护者，那么墨子则是它的批判者；如果说孔子是文雅的君子，那么墨子是战斗的传教士。所以就风格而言，与儒家的醇厚相对立的，是墨家的谨严。由于该学派的信徒多系直接从事劳作的下层群众，特别强调物质生产劳动在社会生活中的地位（"尚力"），反对生存基本需要外的消费（"节用"）；但他们也感受到天下大患有三，"饥者不得食，寒者不得衣，劳者不得休"（《非乐上》）。造成这种状况的原因是统治者横征暴敛、巧取豪夺。所以，他们特别反对战争，主张"非攻"，即反对那些攻伐兼并的战争。他们指责："王公大人天下之诸侯"，为一己私利，"攻伐无罪之国"，涂炭生灵。为此他们殚心当务之急，汲汲奔走呼号于周道之间，守城救弱，企图以"普遍的爱停止战乱取得太平"（"兼爱"），就是说，要求不分等级、无差别的爱一切人，实质上具有打破宗法等级观念的作用。为了实现这一理想，他们又通过尊崇天神（"天志"）的权威，提出了"尚贤""尚同"，"尚贤"就是不分贵贱亲疏、以贤能为用人标准，"尚同"就是不同的人、家庭、诸侯国都以统一的思想为行为原则。在这里我们可以看到尚贤只是通向尚同的方式之一，尚同和尚贤也是兼爱的根本目的。但在秦汉以后，墨家丧失了生长的适宜氛围，逐渐消失无闻。但是在历代农民暴动时有关公平、互爱及至鬼神、符命的宣传中，或在一些除暴安民的侠义之士的身上，可听到他的嗣音。

（3）道的飘逸。以老庄为代表的道家，是先秦诸子中与儒学并驾齐驱的一大流派。他们认为，人生在世，受到无数外在的束缚，如肌体之累，声色之乐，利禄之欲，死亡之惧，仁义礼乐之羁。所以只有超然于这一切之上，才能领会到人生之真谛——道。后来的学者把它与儒家的"入世"思想相比，称道家为"出世"思想，把儒道的结合称其为"刚柔并济"。大致来看，它们有以下几个特征：首先主张"天道无为"。道是世界万物的本源，同时也是宇宙运行的总规律。作为前者，道生万物；作为后者，"道法自然"（《老子·二十五章》）。就是说规律的表现形态，是自然地运行（"无为"），这便是"德"。如果有人故意地去有所作为，那便违背了道与德，必致天下大乱。其次是朴素辩证法和相对主义。在老子看来，矛盾双方具有相互依存的关系，"有无相生，难易相成，长短相形，高下相倾，音声相合，前后相随"（《老子·二章》）。而且事物矛盾着的两方面，遵循"物极必反"的法则，相互转化，于是便有"大直若屈，大巧若拙，大辩若讷"（《老子·四十五章》）。"祸兮，福之所倚；福兮，祸之所伏。"（《老子·五十八章》）但是老子却忽视了矛盾转化的前提条件，并发展为相对主义。在庄子看来，是非、生死、可与不可，其性质、差异都是相对的。以"道"观之，它们的性质、差异、矛盾关系都是不断变幻的，都处在循环无尽的圆圈运动之中，"道通为一"，故庄子得出"万物齐一"的结论。再次是重视个体价值与精神自由。在先秦诸子中，老子是第一个说明人在自然界中的重要地位的。"故道大，天大，地大，人亦大，域中有四大，而人居其一焉。"（《老子·四十五章》）但是，真正从人的本性的意义上突出个体的地位、个体的尊严、个体的价值的，却是庄子。在庄子看来，社会化的各种存在，如名、利、家族、事业等，都是外在之物，只有超越这一切的束缚，复归人的自然本性，才是人的价值的真正实现。其途径是"内省"，而具体方式是"心斋"与"坐忘"。就是要摒除情欲，虚静端坐，彻底忘掉一切，精神离开肉体的躯壳，从而得以摆脱"物"之役，自由自在地遨游于无功、无名、无己的绝对的自由境界。最后设计出超世、顺世、游世的三种境界。"超世"就是把愤世嫉俗的情怀表现为个体的孤傲独行，"游戏污渎之中自快，无为有国者所羁，终身不仕"（《史记·老子韩非子列传》）。但是，当精神自由的肥皂泡沫被粉碎后，超世主义便转化为顺世主义。"知其不可奈何而安之若命，德之至也"。（《庄子·人间世》）可是单纯的超世主义，难免于冻馁灾祸，单纯的顺世主义，又必然导致人的自然本性的失落，所以庄子又提出了"游世"的最高境界。"夫明白人素，无为复朴，体性抱神，以游世俗蕃之间者，汝将固惊邪？"（《庄子·天地》）总之，道家的思想给中华民族精神打上了深刻的烙印。顺应天道，崇尚无为，一方面体现了人对自然、社会规律不可抗拒性的初步认识，比之儒家的"知其不可而为之"来，更显现出理性的冷静。但另一方面，在强调无为的同时，又贬斥了人的积极进取精神。儒家把人固定在等级名分的框架之中，泯灭人的奋斗欲望，道家超越于等级名分之上，但又将人完全被动地从属于"道"的运行，随遇而安。在这一点上，互补的儒道两家，正所谓"一致而百虑，同归而殊途"了。

（4）法的冷峻。法家的前期代表人物是管仲、商鞅、慎到、申不害；而韩非子则是集前期法家思想之大成的重要代表人物。应该说，儒家力图以血亲人伦来淡化、融化社会矛盾关系；墨家借"天志"名义向统治者呼吁"兼爱"；道家则企图超越时代，返归人的古朴本性。但是这一切，在人欲横流、争战日烈的现实政治面前，都成为不同程度的空想。唯有法家，对现实政治有着独特的深刻理解。"用现代的术语说，法家所讲的是组织和领导的理论和方法"是封建时代的政治学，冷眼静观的理智态度，冷冰冰的人的利己主义，构成法家学说的冷峻特色。在法家看来，社会的动乱是人口繁衍和物质需求的矛盾所致，舆人欲人之富贵，匠人欲人之夭死，卖庸者致力，主人家美食，统统不过是围着一个"利"字打转。所以，韩非"观往者得失之变"，总结了前代法家人物慎到、申不害、商鞅等人的思想，认为"皆未尽善也"（《韩非子·定法》），经过综合改造，提出了以"法"为本，法、术、势三要素统一的政治学说。"法"的思想，首倡于商鞅。商鞅主张政治要"一任于法"，统一的法令"为治之本也"，但韩非认为商鞅只讲"法"而不讲"术"，虽然民富国强，"然而无术以知奸，则以其富强也资人臣而已矣"（《商君书·定公》），自己落得个粉身碎骨的下场。"术"的思想源于申不害。申不害主张君主要藏权术于心中，玩臣下于股掌，防止臣下"蔽君之明，塞君之听，夺其政而专其令"（《群书治要·大体》）。韩非子批评他只讲权术，不知立法，"不一其宪令，则奸多"（《韩非子·定法》）。"势"的发明权在慎到。他认为"贤不足以服不肖，而势位足以屈贤"（《慎子·威德》），国君凭借权势，就能"令行禁止""南面而王"。韩非子评价说，慎到的所谓"势"，还只是"自然之势"，它还不能保证天下之治，必须代之以"人为之势"，即用赏善罚恶的手段来抱法处势，才能一匡天下。所以韩非子就将法（政令）、术（策略）、势（权势）三者有机地结合起来，主张在治国方略上要严刑峻罚，在文化政策上"以法为教""以吏为师"，形成了最为有效的政治学说。法家是战国时的显学，后来成为秦王朝统治天下的政治理论。汉以后，儒学独尊，但法家学说仍然或隐或显地发挥作用，历代统治者多采用"霸王道杂之"或"阳儒阴法"来进行统治。

（5）阴阳流转。阴阳，本义是指日照的向背，"阴者见云不见日，阳者云开而见日"（《说文通训定声》）。春秋战国时期，以邹衍为代表的思想家往往借用这一对概念来解释自然界中相互对立、彼此消长的物质或其属性，并且已经意识到阴阳的相互作用对于万事万物产生、发展的重要意义。在邹衍看来，阴阳消长的结果，体现五行相生，循环运转：木克土、金克木、火克金、水克火、土又克水，往复无穷，用这个观点来解释历史的发展和王朝更替，便有所谓"五德之次，从所不胜，故虞土、夏木""殷金""周火"。这就是阴阳学派把自然哲学同历史哲学结合起来，把时间和空间结合起来，融天地人为一体的思维方式。在反映阴阳学派思想的重要典籍《月令》中，东方与春季相配，由木主持，南方与夏季相配，由火主持；西方与秋季相配，由金主持；北方与冬季相配，由水主持，土则兼管中央和四季。土作为大地及大地上皇权的象征，在天人关系中，又代表人。在阴阳家看来，没有脱离时间的空间，也没有脱离空间的时间；没有脱离主体而存在的绝对时空，也没有超时空的主体。时空一体，天人一体，这一卓越思想深刻启发了后代哲人。中华民族独特的、早熟的系统思想虽然出现于秦汉时代，但其直接的理论和方法论渊源，却在春秋战国时代阴阳学派的思想之中。

创立诸子学派的孔墨老庄，都是中国文化史上第一批百科全书式的渊博学者，他们以极大的热情、雄伟的气派和无畏的勇气，开创学派，编撰、修订《易》《书》《礼》《春秋》等中国文化的"元典性著作"，并对宇宙、社会、人生等无比广阔的领域发表纵横八极的议论。正是经由各具特色的诸子百家的追索和创造，中国文化精神的各个侧面得到充分的展开和升华，中华民族的文化走向大致确定。鉴于此，文化史学家借用德国学者雅斯贝尔斯的概念，将春秋战国称为中国文化的"轴心时代"。

（三）华夏族的最终形成

春秋战国的特殊文化环境，不仅为"文化轴心时代"的确立提供了契机，而且有力地推动了华夏族的最终形成。正是在这一时期，中原地区各个古老部族，在诸侯国攻伐不已的兼并战争中统一到少数几个大国的版图之中，其中北方的狄族多为晋兼并，西方的戎族多为秦兼并，东方的夷族多入齐鲁，南方的苗蛮及华夏小国则为楚统一。过去被华夏各国视为蛮夷的秦、楚二国，经过春秋300年的变迁，已实现华夏化，在语言文字、生活方式、政治制度、礼仪文化等方面与华夏趋于一致。自此，中国燕山以南、长江以北的黄河中下游及淮、汉流域广大地区的居民，已基本上融合成为一个统一的民族，而不再有华夏与蛮、夷、戎狄的区别。

第二节 中国传统文化的成型期（秦汉）

公元前221年，经过多年兼并战争，秦王嬴政终于完成"吞二周而亡诸侯，履至尊而制六合"的统一大业，建立了中华民族第一个统一的、封建专制主义的中央集权国家——秦王朝。但维持不过15年光景，便在农民大起义的烈焰中轰然坍塌，其后又经过三年的楚汉战争，整个社会都付出了惨重代价，才由刘邦建立起新的统一的西汉王朝。

一、秦朝——开创文化大一统和思想大一统的先河

"大一统",最早见于《春秋公羊传·隐公元年》,所谓"大",就是尊重、重视;所谓"一统",原指诸侯天下皆统一于周天子,后指全国实现"六合同风,九州共贯"的格局。秦统一中国,在中华文化史上具有划时代的意义。它标志着中华文化共同体的基本形成。应该说,在秦统一以前,中华文化共同体的这种深层结构因子,即共同心理素质已经大致具备。春秋时代的"尊王攘夷"观念,逐渐被华夏居中、夷、蛮、戎、狄分居东南西北四方的五行五方思想中所包含的文化认同观念所取代;"九州"说的出现,表明中华文化共同体的共同地域观念的明确;各族共同祖先黄帝形象在神话系统中至尊地位的确立,更是这种文化认同感的人格化的生动标志。列国诸侯在各自的势力范围之内,为语言、风俗、经济、文化的最终统一打下了一定基础。

(一)文化一统理论的艰难抉择

"百家争鸣"的各派学说无一不以匡时救世为自己的理论目标。因此,从理论的或然性前途预测,它们都有可能成为一统天下的指导思想。但是各派学说的片面性是显而易见的,所以理论的扬弃与综合已是大势所趋。在此形势下,吕不韦由于长期执掌秦国国柄,积累了丰富的政治斗争经验,形成了"兼儒墨,合名法"、取百家之长、成"粹白之裘"的一统观念;况且他手下有数以千计的宾客门人,都具有"备天地万物古今之事"的能力。所以吕不韦综合百家,主持撰修了《吕氏春秋》。这部综合百家精华、且具思想大一统理论意图的《吕氏春秋》,恰在秦即将完成统一之时问世,应该说为

统一的封建国家设计了理想的政治蓝图。这本来应该成为秦始皇治理天下的最便捷的理论依据。可是从秦国的历史来看，由于法家人物商鞅帮助秦孝公变法，才使秦国后来居上，国力跃居七雄之首。李斯辅佐秦始皇富国强兵所表现出的谋略、胆识与决断，更强化了秦始皇对法家学说功效的感性认识。因此，法家学说在秦国君王心目中的地位，显然在儒、道诸派之上。所以秦王朝全面实施申韩之术，吕不韦连同其《吕氏春秋》遭到冷遇。并且他们片面地实践了韩非子学说中"政治者奚疑于重刑"的一面，并使臻于极端，而忽视了其他诸如"刑当无多，不当无少""赏罚并用""任法去私"等重要内容，并对犯禁者460余人，皆坑之咸阳。

（二）思想大一统的措施

"六国毕、四海一"之后，秦朝立即实施一系列强化国家统一的政治变革，建立起中央集权的国家政体。首先，兼取古代"三皇""五帝"，称之"皇帝"，较之以往的"王"更显无上尊严高贵，规定皇帝之命为"制"，令为"诏"，天子自称"朕"。其次，朝廷设三公九卿，是政权、军权、监察权分治，以相互制约而同归皇帝辖制。再次，废除世卿世禄制，实行朝廷任命的非世袭的官僚制。再又次，废除分封制，实行郡县制。最后，在秦国原有刑法的基础上，汲纳六国有关法律条文，制定秦律。实现了韩非子"要在中央、事在四方"的政治构想。

（三）文化大一统的举措

首先是"书同文"。以整齐的小篆作为标准文字，改变战国时代"文字异形"，为消除各地经济、文化交往中的语言隔阂，打下了基础。其次是"车同轨"。拆除各国所筑关隘，修筑驰道，大大加强了中央与各地的联系，方便了商业贸易和文化交往。再次是"度同制"，统一货币单位和度、量、衡标准，为中华民族共同的经济活动提供了便利条件。又次是"行同伦"。"以法为教"，统一人们的文化心理。最后是"地同域"。共同的生活地域，是统一文化的空间条件。秦朝完全彻底废除周代以来的封邦建国制度，粉碎地区壁垒，将东至大海、西至陇右、南达吴楚、北抵阴山的辽阔版图统一于中央朝廷的政令、军令之下。又通过大规模的移民，开发边境地区，传播中原文化。为了保障北方人民生命财产的安全和农业生产的顺利进行，阻止匈奴的频繁袭扰，公元前214年，秦始皇开始大规模修筑长城，将以前秦、赵、燕三国的北边长城连贯为一，如巨龙蜿蜒，西起临洮（今甘肃岷县），越崇山峻岭，逶迤向东，至辽东郡内（今山海关老龙头），全长5000余里，俗称"万里长城"。以后，汉、明等朝代又多次续修长城。千百年来，长城在抵御外来侵略、保卫中原地区的经济发展和人民安居乐业方面发挥了巨大的功用。它是中华民族热爱和平的强烈愿望和反击侵略的坚强意志的伟大象征，是炎黄子孙的聪明才智和辛勤血汗铸成的历史丰碑。正因为如此，"秦"作为一个王朝的称谓，在这个短命的王朝覆亡两千年之后，仍然作为中华文化共同体的代称流播于世界，"China"，就是"秦"的音译。

二、汉朝——宏阔的文化精神

（一）反思与抉择

秦朝的覆灭是秦皇父子急功近利、严刑峻法，但实际上是秦朝统治思想选择性失误造成的。以刘邦为首的汉朝，鉴于秦朝的教训进行了深刻反省并进行了新的抉择。陆贾是第一个进行这种反省和抉择的思想家。他根据秦皇父子"务胜不休"、盲目蛮干、无所不为而无所为的悲剧性后果，在征求刘汉王朝的认可后确立了汉朝实施"无为而无不为"的基调。在这一思想下，汉朝统治者采取了修养生息、减轻赋税和徭役，使生产力得以恢复和发展，并迎来了大统一以后的第一个太平盛世——"文景之治"。当然，在汉初真正建立起黄老之学系统理论体系的，一是司马迁之父司马谈，二是以刘安为领袖的淮南学派。尤其是刘安的《淮南子》，尽管它本身包含有"变相的有为论"，但还是不大合一心施展雄图大略的汉武帝的胃口。这是因为汉武时代统治阶级的羽翼逐渐丰满，力量日益强大，时代精神正由休养生息、清静宁一重新返回积极有为的转折关头，所以理所当然地遭到当权派的冷遇。正因为如此，统一思想的课题再次被提出。

武帝令三公、诸侯王等荐举"贤良方正，直言极谏之士"来朝廷应试，以网罗人才，重定国策。专治《公羊春秋》的大师董仲舒脱颖而出，援引"春秋大一统"之精义，提出著名的"天人三策"，鼓吹黜百家，尊儒术："诸不在六艺之科、孔子之术者，皆绝其道，勿使并进。邪辟之说灭息，然后统纪可一而法度可明，民知所从矣。"（《汉书·董仲舒》）董仲舒的这番话就是对"六艺"（诗、书、礼、乐、易、春秋）的态度论，与李斯向秦始皇上焚书议截然相反，但就禁绝异端、发扬帝王一统意志而言，董仲舒与李斯可谓异曲同工之妙。不过，与鼓吹"以吏为师"的李斯比较，董仲舒要高明得多，他以"六经"为指针，高举"崇儒更化"的旗帜，寻找到与地主制经济、宗法——专制君主政体比较吻合的文化形态，其独尊儒术的主张不仅被汉武帝采纳，推行于当世，而且在汉至清的两千年间行之久远。

（二）尊儒兴学，制度教化

"罢黜百家，独尊儒术"文化政策的推行，使儒学取得了"定一尊"的显赫地位，成为汉代文化思潮的主流。为此，汉王朝从两个方面来进行巩固。一方面立"大学以教于国，设庠序以化于邑"。就是罢黜秦朝所立的各家博士，设立儒学之《诗》《书》《易》《礼》《春秋》五经博士，并规定五经博士教授的学生，每经十人，到了成帝时代，博士弟子有三千之众。同时，在各地设立庠序之学以"崇乡里之化"；并且推行"以经取士"的选官制度，把教育、考试、选官三者结合起来，使孔子"学而优则仕"的梦想变成现实，为以后文官制度的确立奠定了基础。另一方面"渐民以仁，节民以礼"。礼在周代便已形成文化制度，但其施行的范围主要限于周王室，在各诸侯国并不普及。汉儒们将其规范化、普及化、世俗化，编织出一张笼天地、纳人神、齐万物的文化网络。孔子"非礼勿视，非礼勿听，非礼勿言，非礼勿动"的人生信条被具体化为从治国理家、求学问道一直到婚丧嫁娶、衣食住行等日常生活方方面面的精细守则。并将这些规范归纳为六礼、七教、八政："六礼，冠、昏、丧、祭、乡、相见。七教，父子、兄弟、夫妇、君臣、长幼、朋友、宾客。八政，饮食、衣服、事为、异别、度、量、数、制。"六礼即社会典仪，七教即人伦关系，八政即生活制式。"礼"将这一切囊括无余，社会所有成员的行为都从这里找到依据和评价尺度。不仅如此，礼文化制度的世俗化的另一重要体现，是许多传统节日在汉代形成定制。据史籍记载，元宵、清明、乞巧、重阳，以及春秋社日、冬祭腊日等传统节日，或始于，或兴盛于汉。这些细致入微的礼制铸造了封建时代中华民族温、良、恭、俭、让的整体精神风貌。

（三）儒学的经学化

在武帝以后，政治、思想、文化领域，都成为儒家经典的一统天下，其表现形式是儒家的经学化。"经"的内容，起初仅限于孔子删定的"六经"，即《诗经》《书经》《易经》《礼经》《乐经》《春秋经》。到汉武帝时代，《乐经》已亡佚，故武帝只立五经博士。到东汉时又增加《孝经》《论语》，合称"七经"。唐代又扩大为"九经""十二经"。其中《礼记》分为《仪礼》《周礼》《礼记》。解释《春秋经》的三传《左传》《公羊传》《穀梁传》也升格为"经"，此外还增加了《尔雅》。宋代在"十二经"的基础上又增加了《孟子》，合称"十三经"。而历代训解和阐发儒家经书之学，便是经学。但是，在经学内部，却因学术派别不一，爆发出今古文之争。所谓"今文经"即朝廷为了便于经学传播，下令搜集流散民间、口头流传的儒家著作，写为定本，作为传述的依据。由于这些经书是用当时流行的文字记录整理，遂有"今文经"之称。所谓"古文经"即鲁王刘余从孔子旧宅壁中所发现的儒家经书。这些经书是用古籀文写成，故称"古文经"。今文经与古文经，不仅所据典籍版本的文字不同；研究今文经、古文经的两派学者在学术观点以及学术研究的原则、方法方面，也存在重大分歧。概要地说，今文经学特点是讲政治的，讲阴阳灾异，讲微言大义，主合时、学风活泼但流于空疏荒诞，尊孔子为"素王"；古文经的特点是历史的，讲文字训诂，明典章制度，研究经文本身的含义，主复古、学风较为朴实平易但失之烦琐。从武帝时代直到西汉末年，今文经学居"官学"正统地位，其中《春秋公羊传》尤为重要。以治《春秋公羊传》起家的董仲舒，在著名的今文经学著作《春秋繁露》中，淋漓尽致地阐述了"天人感应"、阴阳五行、"三统"（黑统、白统、赤统）循环学说，从而构建起天人一统的模式，对中国传统思想文化产生了非常重要的影响。古文经学在王莽摄政时扶摇直上，到了东汉继续发展，大学者辈出，贾逵、马融、许慎为其代表人物。东汉末年，马融的学生郑玄遍注古、今群经，不拘泥于师承门户和学派壁垒，成为隆盛经学的总结性人物。

（四）经学的凋谢

随着东汉王朝的覆亡，煊赫一代的经学之花终于无可奈何地凋谢了。学者的批判固然是其重要因素，但最根本的还在于经学自身的不可克服的致命缺陷：其一，神趋向。经学在内容方面以天人感应、谶纬灾异为重要特征，儒学也变成了儒教，孔子也由政治家、教育家摇身一变而为"通天教主"。尤其是儒学以完美无缺的绝对真理自居，拒绝汲取其他学派的思想精华，就使它自己失去了吐故纳新的勃勃生机。其二，烦琐形式。今文经学认为"无一字无精义"，古文经学认为"无一字无来历"，两派学术观点不同，但共同的癖好是：以经解经、以事义解经、逐字逐句地疏通经文阐释经义。其三，僵化学风。今古文经学的门户壁立，更加重了其保守、静止、教条化倾向。在学术传授方面，不管是宗"师法"还是守"家法"，都强调固守遗训，循从师说，诵而不思，死记呆背。活泼的思想被古板的经文所桎梏，理论的发展受到"师法""家法"的顽固阻碍。生动的、与现世生活息息相关的"入世"儒学，被扭向脱离实际、脱离实践的歧途。其四，魏晋时代玄学的兴盛带来的冲击。魏晋玄学在内容上以唯心本体论代替神学目的论，摒弃天人感应之类虚妄、粗俗的神学命题；在形式上以高度抽象的义理思辨取代经学的烦琐考据和象数比附；在学风上，以"得意忘言"、高谈阔论代替经学的扼守旧章、拘泥文字。不过经学到了1600年后的清代，才又热闹了一阵，但那只不过是它最终退出历史舞台之前的回光返照罢了。

第三节　中国传统文化的发展期（魏晋南北朝）

汉末董卓之乱犹如一股强劲的旋风，使久已摇摇欲坠的汉朝终于崩溃瓦解。与军阀割据、王室贵族自相杀戮相推引，北方游牧人如洪水一般从高原上横冲直下，同农耕人激烈争夺生存空间。一场长达近400年的战乱由此展开。先由魏、蜀、吴三国鼎立；继之而起有短命的西晋。随后在北方先有十六国割据，后有北魏、东魏、西魏、北齐、北周等政权的嬗递；在南方，则有东晋、宋、齐、梁、陈诸王朝的起伏更替。所以整个社会在"山岳崩溃""狼烟四起"的大震荡中呈现出茫然无期的无序错乱。所有的生灵都感到空前深重的生命危机，敏感的文化人感悟"兴废之无常"，哀"人生若尘露"，雄才大略的曹操也发出"对酒当歌，人生几何"的苍凉之声。面对生死瞬间转换的现实，人们被迫从源头思考个体生命与价值，使文化出现了凤凰涅槃的新生。

一、儒的裂变

两汉儒学在其迸发出雄丽光华时，实际上已潜伏着危机因子。两汉儒学核心的"天人感应"宇宙论,在今文经学家手中被推衍为所谓谶纬神学,而古文经学派由于讲文字训诂而走向烦琐破碎,都堕入难以自拔的泥淖;尤其是接踵而起的社会大动乱更宣布了儒学的"不周世用"和思想的虚伪。与儒学失落同步,名教也在魏晋南北朝时期陷入深刻的危机之中,首当其冲的是对"三纲"的抨击。

(一)对君臣理论的挑战

阮籍在《大人先生传》中认为无君无臣,天下太平;有君有臣,万弊丛生。这无疑是对名教君臣理论的沉重打击。鲍敬言则以为"古者无君,胜于今世",主张消灭国君,建立一个"无君无臣"的乌托邦社会。由阮籍、鲍敬言所伸张的非君论构成中国政治文化中与专制主义理论针锋相对的反文化思潮,它不仅惊世骇俗地引发当时士人更为深刻地反省现实的不合理,而且将其遗波流泽,曳于后世。

(二)对父子理论的非议

孔融曾与祢衡"跌荡放言":子女只不过是父母"情欲"的产物,所以子女并不承担"孝顺"父母的必然义务。此种违反儒家伦理观念的叛逆性言论出于孔圣人二十世裔孙,真真是莫大的讽刺。

(三)对妇德的反叛

根据"妇德"规定,女子须"幽娴贞静,守节整齐,行己有耻,动静有法"。然而根据《世说新语·贤媛》记载,当时妇女游山玩水、吹拉弹唱、饮酒谈玄、追踪高范的活动却很多。假如说儒家礼教对妇女约束最严、压抑最深,那么,魏晋南北朝妇女一定程度上的精神解放便是这一时期名教危机的至关紧要的内容。

经学的失落，名教的危机，标志着魏晋南北朝时期的儒学陷入前所未有的困境。这一时期史书中记载的所谓"儒者之风益衰""为儒者盖寡""百余年间，儒教尽矣"，皆描绘出儒学式微的情景（均见《梁书》《宋书》）。

二、玄学的崛起

（一）玄学产生的背景

魏晋玄学的兴起，不仅是人们对社会动乱年代的一种特殊思考，而且与这一时期大规模发展起来的门阀士族庄园经济有着紧密联系。庄园经济是一种分散、自成一统的经济，因此世家大族所关注的不是国家所代表的总体利益，而是个体的生存和发展，此种现实又推动当时士子在以道为主、兼综儒家的基础上加以理论阐发。而何晏、王弼、阮籍、嵇康、向秀、郭象便是这一时期风度飘然潇洒的英俊人物。

（二）玄学的含义及其内容

玄学是由老庄哲学发展而来的。"玄之又玄，众妙之门。"《庄子·天地》《老子·天道》也大讲"玄德""玄圣"。"玄学"作为一种伏流，其实早在两汉便潜下运行，如张衡作《玄图》，以"玄"为"自然之根"。可到了魏晋时代"玄远""玄化""玄旷""玄言""玄教""玄悟"这些玄的观念开始大流行，并把《易》《老》《庄》结合起来，构筑了一种新的思辨哲学体系。这种体系有以下几个特点：首先是"谈玄析理"。面对纷纷扰扰的乱世，现存一切事物和认识如过眼烟云、转瞬即逝，于是人们意在找出以不变应万变、超脱多样化的现实世物而直接诉诸本体的、追求无限的万物之根。而对无限的思考，对本体的思考，当然不能依靠纯经验性的观察，更不能依靠烦琐的注释考证，而必须运用纯粹的哲理思辨。因此，魏晋玄学家们不同于轻视逻辑思维和论辩的两汉儒者，他们专注于辨析名理，以清新俊逸的论证来反对沉滞烦琐的注释，以怀疑论来否定阴阳灾异之说和谶纬迷信，以注重义理分析和抽象思辨抛弃支离破碎章句之学。其次，"重神理而遗形骸"把本体论推为哲学首要问题的同时，这一时期的人们贬拒、超越外在形象，摆脱道德实践性与政治实用性，从人的本体精神去把握人格美的真谛。正是在此种认识的基础上，荀粲、王弼等玄学家提出了"象外之意，系表之言""得意而忘言"等哲学命题，甚至把这种意蕴引入了审美殿堂。让人们超越形而下的束缚，以虚灵的心境去体悟自然山水，到达无穷空灵的妙境，领悟到"道"的奥妙与博大。再次是玄学对理想人格的追求。玄学是由老庄哲学发展而来，其宗旨是"贵无"，其最高主体是对个体人生意义价值的思考。在玄学家看来的，"道"（"无"）是一种最高的哲学范畴，它既是万物的本体，也是最高的人格理想——即独立于现实功利之外的逍遥自足的世界。如陶渊明的"结庐在人境，而无车马喧，问君何能尔，心远地自偏。采菊东篱下，悠然见南山，山气日夕佳，飞鸟相与还。此中有真意，欲辨已忘言"。在这里诗人以一种淡泊心境的情怀，融会出物我一体的优美意境。追求无为当然非魏晋人本性所使然，而只是他们在无法改造、征服苦难现实面前所采取的一种自我维护精神和方式。这种致思方式，在中国文化人的心态上留下了深重而又绵长的影响。后世在理想与现实碰撞中败下阵来的士子，往往不自觉地引魏晋名士的行为模式作为平衡心理的典范。魏晋士人在"无为""法自然"

中进而铸造了中国士子玄、远、清、虚的生活情趣。中国文化的面貌因此更为丰饶多姿。

第四节　中国传统文化的隆盛期（唐宋）

一、隋唐：文化的隆盛期

魏晋南北朝的多元文化激荡，终至推出气度恢弘的隋唐文化时代。到处是一片春回大地的光景，到处激荡着霸气的洪流，迸发出创造光芒的文化精魂，构成了巨龙在天空中大气盘旋的气势。

（一）宽松的文化背景

唐朝时期中国疆域辽阔，在极盛时代可延伸到东至朝鲜半岛、西北至葱岭以西的中亚、北至蒙古、南至印度支那，唐天子不仅是汉天子，而且被诸蕃君长尊为"天可汗"；它军事力量强大、行政机构完备、法律制度严密、经济繁荣，使唐代中国成为向周边文化地区辐射的文化源地。

"八面来风"是唐代文化宏阔的源头。隋唐皇室以胡汉混杂的血统统治天下，所以它把胡文化的一股豪强侠爽之气注入农业民族的汉文化系统内，达到了胡、汉文化相融合的文化效应。不仅如此，它还以博大的胸襟吸收外域文化并对此加以消化、改造，而且从其他文化系统中采集精华，使唐文化具有超越前朝的特有气派。

魏晋南北朝的多元激荡为隋唐文化的整合开辟了道路。魏晋南北朝文化结构的多元激荡，对于人们多元思想的宣泄和文化的创新，犹如一股清流滋润着世人干枯的心田。

而唐朝的统一和空前强盛，使这一清流汇成了前所未有的时代豪迈感，把文化创造的激情推向了高潮。寒士的崛起是隋唐文化强盛的主体。魏晋南北朝，活跃于中国政治舞台上的是门阀士族，他们凭借门第、族望而世代享受高位，并拥有政治、经济大权，对文化的发展起了阻碍作用。随着唐代统治者对门阀士族的压抑，以及大批中下层地主阶级士子、自耕农出身的读书人由科举考试入仕途，构成社会政治生活与文化生活中一支活跃而能动的社会力量。可以说，在唐代社会文化结构的调整中，寒士是建构唐代隆盛文化的重要主体。

太平乾坤是隋唐文化大气回荡的政治条件。贞观之治、开元盛世是中国古代社会少有的盛世之巅。尤其是唐太宗李世民雄才大略、勤政务实，是中国古代少有的一代名君，他在贞观年间实施的一系列政策，对重建并巩固统一的中央集权国家，为昌大的唐文化奠定雄厚基础，则是毋庸置疑的。

综上所述，种种因素在唐代形成一种奇妙的"合振"现象，多种力的共振，为唐代文化的蓬勃发展提供了宽松的背景，一个新的时代喷薄而出。

（二）隋唐科举制的作用

文化面貌的改观，往往直系于文化主体——知识精英人格、心态与素质的转换。所以唐代在治国方针上就确立了"人尽其才，才尽其用""选天下之才为天下之务"的原则，并从南北朝时期考试取士的经验中确立了科举制。科举制的首创性就是在地主阶级全体成员中（甚至也包括某些农民），通过机会均等和严格考试的形式来选拔官吏。这样一来不仅显示了把政府公职向所有有才能之士开放的大度气派，而且有利于国家的稳定。

首先，科举制的推行，使隋唐政权具有一种开放性与流动性，大批中下层地主阶级士子及自耕农出身的读书人，由科举考试入仕途，参与和掌握各级政权，从而在现实秩序中突破了门阀世胄的垄断。自此，寒士具有一定的政治独立性与主动性，构成社会政治生活与文化生活中一支活跃而能动的社会力量。度

其次，由于科举制是当时官员来源主要的、后来甚至是唯一的途径，古代读书人基本上围绕科举这一中心来设计自己的生活道路。因此，科举制除了造成官僚阶层的流动外，虽不能促进社会全面的开放，但对士人走出生活象牙塔，步入大千世界，铸造宽大的胸怀有着很强的意义。

最后，科举制度以封闭式考试录取，具有公正性和法定性，又不计生员的出身，唯才是举，从而能较为广泛地从社会各阶层选拔人才，扩大了政权的统治基础，官员和候补官员基本上都是知识阶层的精英，无疑普遍提高了官僚队伍的人文素质。相传唐太宗尝私幸端门，见新进士缀行而出，喜曰："天下英雄，入吾彀中矣。"

参加科举考试的主要是学校生徒，因而此制还带动了学校教育的发展。唐时学校分京师学和州县学，各级学校主要研习儒家经典，此外还学习律令和书法、算学等专门技能。因此，科举制度既是一种选官制度又是一种教育制度，它自隋唐延至明清，发挥了重要的社会功能。以科举制度为核心的中国文官政治，成为中国文化的一大特色，不仅对东亚而且对世界文明都产生过影响，它在其出现近千年之后由传教士带回西方，直接影响了西方资本主义国家文官制度的建立。

有容乃大。以强盛的国力为依据，以朝气蓬勃的世俗知识分子为主体的唐文化是一种无所畏惧的兼容并包的大气文化。一切因素、一切形式、一切风格，在唐文化中都可以恰得其所，与整个时代相映生辉。

对内实行文化开明政策。在文学艺术创作上，罕见英主李世民与以魏徵为首的儒生官僚集团积极鼓励创作道路的多样性。虽然他们对六朝淫靡文风强烈不满，以为梁陈文学内容贫乏、于政无补、文体淫放、危害风俗，并高度强调文学艺术"经邦纬俗"的社会功用，但是他们决不推行文化偏执主义，以强硬手段重质轻文、重道制艺，而是仍然鼓励"纯文学""纯艺术"的发展。如此文艺思想、文艺政策，自然推动文学艺术生动活泼地发展。

在意识形态上，唐太宗奉行三教并行政策。虽然在唐代有不同君主由于不同原因而在三教之中各有所偏重，但就总情势而言，三教基本上并行不悖，形成如下景观：

（1）道教风行。唐代道教在上层统治者中格外得宠。李唐王室奉老子李聃为先祖，故唐高宗封老子为太上玄元皇帝。东都洛阳的玄元皇帝庙，"山河扶绣户，日月近雕梁"，气派格外宏大。长安的太清宫中，先是玄宗雕像，后又有高祖、太宗、高宗、中宗、睿宗五帝侍立老子塑像左右，毕恭毕敬，充分说明对道教的崇拜。

（2）佛教兴旺。初盛唐也是佛教扶摇直上的时代。京畿长安，寺庙荟萃，城中坊里的60%都设立了寺庙，长安城内的佛塔更难以备数，在东都洛阳，武则天大规模开窟造像于龙门，闻名的卢舍那大佛高17.14米，端坐正中，神王、金刚、菩萨、弟子侍立左右，如众星拱月，端严华妙。

（3）儒学昌明。一度式微于魏晋南北朝的儒学在唐代开始振兴。唐太宗诏求前代通儒子孙，特加引擢，他命国子祭酒孔颖达等撰定《五经正义》，令天下传习；他又诏以左丘明、公羊高、穀梁亦等21位经学家配享孔子庙庭。"重儒术"的大力倡导，在唐代学术界造成"学者慕响，儒教聿兴"的新局面。

唐代统治者尊道、礼佛、崇儒，赋予唐文化充实而又光辉的气质。

对外域文化广为吸收。唐人不仅广为接受胡乐、胡舞、胡装、胡食，使唐文化热烈多彩，富于阳刚之气，而且以空前规模采集外域英华，这包括南亚的佛学、医学、历法、音韵学、美术；中亚的音乐、舞蹈；西亚的景教、摩尼教、伊斯兰教、建筑术等，使唐文化成为一种世界性文化。公元6—8世纪的唐都长安是一个世界性都市，其鸿胪寺接待70多国外交使节；其国子学和太学，先后接纳3万余名留学生，据统计，长安百万人中，包括使臣、僧侣、商人、外国留学生在内的各国侨民达2%，加上突厥后裔，其数高达5%，为历朝之最。尤其值得注意的是玄奘的西游。为求得对佛学的真解，玄奘赴天竺各地，与学者论辩切磋，历时十几年回到了长安，后译经75余种，并撰写了《大唐西域记》，提供研究南亚及中亚古代史的重要资料。他的传奇性经历在民间广泛流传，直接促使明代《西游记》的产生。正是在这种蓬勃郁发的宽容文化背景下，唐代才形成了热烈、高亢、绚丽的盛世文化。唐文化对日本、韩国、朝鲜，甚至西亚、中亚、西欧都有明显的影响，形成了一个以中国为中心的东亚文化圈。

（三）辉煌的文化成就

（1）诗歌的精彩艳绝。闻一多说："一般人爱说唐诗，我欲要讲'诗唐'"。

诗唐者,诗的唐朝也。"可以说,诗歌女神似乎特别垂青唐代。中国是诗歌的国度,而中国诗的辉煌极致就在唐代。

这是一个全民族诗情郁勃的时代,一方面文人创作的诗篇被"士庶、僧徒、孀妇、处女"吟唱,传诵于牛童、马走之口";另一方面社会的各色人等也竞相作诗,出现了"行人南北尽歌谣"的状况。就现存的《全唐诗》收录的诗作来看,有48900余首、诗人2300余家,这还不计湮没于历史尘埃中的作品和诗人。

如果以诗歌史上的时代划分的话,初唐是唐诗的启蒙期,初唐四杰(王勃、杨炯、卢照邻、骆宾王)揭开了唐诗的帷幕。这些年少才茂的诗人,将勃郁不平的感慨及强烈向往勋业不朽的积极进取精神注入作品,这就是国家从分裂走向统一,六朝门阀势力从桎梏天下走向支离破落,一种生活的信念、高瞻的气概、青春的旋律,充溢初唐士子心扉的表现。盛唐时期的诗则具有"气盛势飞""浑厚氤氲"的雄浑气象。这一时期诞生了雄盖千古的诗国天才——"诗仙"李白、"诗圣"杜甫、"诗佛"王维,同一时期还有著名的边塞诗人王昌龄、崔颢、高适、岑参等大手笔,他们笔锋超卓、诗情盎然,用豪迈情怀讴歌祖国的壮美河山,缔造出中国唐诗的最高峰;中唐时期,以阴郁沉重为基调,因不同群体而发为风貌不同的吟唱;元稹、白居易一派沿着杜甫所开启的路径,以诗笔反映民生疾苦,触及时事,为社会呼喊。文学的功利性在消沉数百年后被白居易再次高扬。韩愈、孟郊、贾岛、李贺着意于以诗歌表现内心的情状,呈现出强烈的主观色彩。孟郊以瘦骨嶙峋、瘁索枯槁为美;韩愈以光怪震荡为美;李贺号为"鬼才",以奇幻怪诞为美。他们努力追求诗歌美的多元化,呕心沥血,创造具有个性审美的艺术境界。晚唐时期,他们面对衰落的时代，却又努力在诗章中歌吟残缺美，使王朝的灭亡充满着一种深沉的美。无论是咏史怀古还是抒写爱情，晚唐诗总是有那么一种凄艳格调，晚唐诗以其美得凄然的气象，为唐诗之旅作一凄美的终结。

唐诗中最值得一书的是李白、杜甫、王维。他们被称为比肩而立的三大诗人。有人称他们为天地人、或真善美，在中国文化史上，他们确乎代表着三种人格精神。李白上承楚辞余韵，摄取魏晋诗歌、六朝乐府的精华，一扫南朝宫体诗的粉黛性，拓宽视野，扩展境界，将唐诗推向高峰。人们敬慕李白，不是一个积极用世、满怀拯世救物之心的李白，而是天马行空、飘然不群、最浪漫、最超脱的天才诗人李白。他桀骜不驯、恣肆狂放、笑傲权贵、蔑视世俗、指斥人生、饮酒赋诗、纵情欢乐，将《庄子》的飘逸、屈赋的瑰丽天才地融为一体。《唐诗别裁集》说："太白七言古，想落天外，局外变生，大江无风，波浪自涌，白云从空，随风变灭，此殆天授，非人所及。"李白的诗又有一种主体反抗客体，克服客体、战胜客体并压倒一切的气势。且看他对大自然洪波射流、骇胆摄魂壮观景象的描写："簸鸿蒙，扇雷霆，斗转而天动，山摇而海倾""一风三日吹倒山，白浪高于瓦宫阁""共工赫怒，天维中摧，鲲鲸喷荡，扬涛激雷""三时大笑开电光，倏烁晦冥起风雨"。这些诗句无不充溢着力的奋发、力的搏斗，是力的交锋、力的克服。李白执著个体情性的品性与无所羁勒的浪漫情调渗透了道家所标榜的理想人格精神，这就是逍遥无待，在个性张扬中成为真人。

"李杜文章在，光焰万丈长"，同李白双峰并峙的另一唐代大诗人是杜甫。"穷年忧黎元，叹息肠内热"，杜诗化入社会人生，忧国忧民是其主旨。安史之乱以前，杜甫就写出了《丽人行》《兵车行》揭露帝妃的骄奢和穷兵黩武，并暴露出潜在的经济、政治危机；安史之乱后，更创作出"三吏""三别"，刻画战乱、兵役、徭役给民众带来的深重苦难。《自京赴奉先县咏怀五百字》是久为传诵的名篇。天宝十四年（755），杜甫返奉先县省亲，当时是安史之乱的前夕，奉先县正处在饥荒之中。当杜甫怀着"老妻寄异县，十口隔风雪，谁能久不顾，庶往共饥渴"的心情返抵家门时，却"入门闻号啕，幼子饿已卒"，面对这种人间惨剧，杜甫哀痛欲绝，但他并未沉溺于个人的遭际不幸中，而是由自我联想到比自己更为不幸的同胞"默思失业徒，因念远戍卒"，其情至真，其哀博大。在《茅屋为秋风所破歌》中作者又从一己屋破之苦难出发，转而关注天下寒士的悲运："安得广厦千万间，大庇天下寒士俱欢颜，风雨不动安如山"。作者超越了对身家命运的自叹自怜，化为对社会民生的大悲大痛。以饥寒之身而怀济世之心，处穷迫之境而无厌世之想，杜甫对民众的深情和博大的关爱，渗透了儒家汲汲追求的理想人格精神，这就是以使命感立世，以理之应然为思考，从而在此成就大我的生命，此种精神铸就了杜甫万古不朽的伟大。

王维的"禅"的精神是另一种理想人格的典范。当他们入世不得，自信心与热情大为挫伤时，王维式的"禅"的精神便成为他们化解屡遭忧患的愤懑和无可奈何情绪的心理之盾，从而最终在淡泊中恢复心理上的平衡。他的诗极淡极简："与世淡无事，自然江海人。""欣欣春还皋，淡淡水生波。""松风吹解带，山月照弹琴。""兴来每独往，胜事空自知。"心态淡泊，意境淡泊，口吻淡泊，他所首创的泼墨山水"灭文章，散五采"同样以超脱而自然、简淡而清闲为境界，正是在此种淡泊的韵味中，王维个人的生命进入人天圆融契合的世界，化入无言而又自足、朴素而又逍遥的纯粹境界。闻一多说：

"王维的诗替中国诗定下了地道的中国诗的传统，后代中国人对诗的观念大半以此为标准，即调理性情，静赏自然，他的长处短处都在这里。"是王维，而不是李白也不是杜甫，在精神上更为深广地影响后世中国士人，这正是以中和为美的中国文化精神所使然。

（2）书法极妍尽美。与中国诗的历程几乎一致，中国书法在魏晋六朝开始走向美的自觉，而在唐代则达到了新的高峰。

唐代书法充分吸收了魏晋南北朝南北文化的营养。南北朝时期书法因历史、地理、民族、政治等方面因素，形成南帖、北碑两大流派。南帖以流美为能，婉丽清媚，富有逸气；北碑以方严为尚，雄奇方朴，富有豪气。唐代书法承袭隋而来，而隋代书法的集南帖、北碑之大成，大开唐风，成为唐代书法臻于极美的艺术根基。

盛唐书法的首唱是孙过庭的抒情论，这位书法批评家在《书谱》中首次对书法艺术的抒情性做了自觉而明确的阐发。他强调"书之为妙，近取诸身"，指明书法艺术的奥妙，主要在于表现自身情性。他的这种抒情哲理在张旭、怀素笔下化成激情的线条。张旭的书法，以飞速流动的狂草著称。他的草书《古诗四帖》，纵笔如"兔起鹘落"，奔放不羁，纵横挥斫，一气到底，大有"急风旋雨之势"。秉承张旭书法的怀素，其笔下的线条也是"风趋电疾"，他的《自叙帖》下笔狂怪怒张，线条电激流星；正如帖中赞语："狂来轻世界，醉里得真如"的强烈思想感情正在这风驰电掣的线条中流泻出来。唐代是书法全面成熟的阶段，这一时期篆书圆劲，阳冰篆法为后世所多循；草书飞动，"颠张狂素"将狂草带引至巅峰，行书纵逸，李邕、颜真卿的"麓山寺碑""争坐位帖"最为艺林所重，楷书端整，欧（阳询）、虞（世由）、颜（真卿）、柳（公权）楷书四大家将唐楷推至登峰造极地步。

（3）画的灿烂求备。唐代是诗歌与书法的黄金时代，也是绘画的极盛时期。这一时期的画坛，题材广大而深厚，风格多彩多姿，绘画批评空前活跃，生气蓬勃：人物画辉煌富丽，豪迈博大；山水画金碧青绿，山水交相辉映，整个画坛新鲜活泼，充满生命活力。"画圣"吴道子是一位颇富创新精神的画家。东坡称他的画"出新意于法度之中，奇妙理于豪放之外"。吴道子的绘画革新具体表现为线描技巧的改造。宋代画家米芾研究道子之画，指出吴画"行笔磊落，挥霍如莼菜条"。所谓"莼菜条"型线条，不同于魏晋以来的匀细如蚕丝的细线，而是加粗加厚，波折起伏，从而充分"转译"了彩色晕染的立体效果，表现出物象的"高侧深斜"。借助于"莼菜条"型线条，吴道子笔下的人物画，衣纹的高、侧、深、斜、卷、折、飘举等复杂变化皆淋漓尽致地表现出来，具有一种"天衣飞扬，满壁风动"的神采。因此，吴道子的画不仅曲尽色彩阴阳画法的特色，还更进一步表现了色彩所不能表达的力感与美感。综上所述，孟子说"充实之为美，充实而有光辉之谓大"，唐代便是古代哲人观念中"充实而有光辉"的文化繁盛时代。苏轼曾说："君子之于学，百工之于技，自三代历汉至唐备矣！故诗至于子美，文至于韩退之，书至于颜鲁公，画至于吴道子，古今之变，天下只能事毕矣。"中国文化发展至唐，显示出一种阶段性的集大成的灿烂风采，其辉煌令后世追慕不已。

二、两宋：内省、精致趋向与市井文化的勃兴

爆发于公元750年的安史之乱，引发了中国封建社会内潜藏已久的种种危机，中国文化也由此出现了一个大的流转，此即从唐型文化转向宋型文化。

所谓唐型文化，是一种相对开放、外倾、色调热烈的文化类型。李白的诗、张旭的狂草、吴道子的画，无不喷涌奔腾着昂扬的生命活力，透露出大气盘旋的民族自信。所谓宋型文化，则是一种相对封闭、相对内倾、色调淡雅的文化类型。理学的知性反省，宋词的婉约幽隽，建筑专用木之本色；服饰"唯务洁净"，以简朴清秀为雅。

（一）变更的土壤

中国自上古以来就有南北之分，一般说来，北方主要指黄河流域地区，南方主要指长江流域地区。北宋时期文化重心已形成南趋态势，"二程"在洛阳讲学，弟子却以南人居多。爆发于1126年的"靖康之难"给予文化重心南迁以有力推动。是年，金人攻破汴京，随之统治北方100多年。宋室南渡江南。以此为契机，中国文化重心的南迁终于完成。

这样南方的平湖秋月的清雅山水代替了北方的平塞翰漠，也意味着含蓄委婉的内秀人物品评心理代替了粗犷豪迈的征服性人物品评审美，这就进一步促进了宋代文化向内省、精致的方向发展。同时宋朝是一个积弱积贫的朝代，他用割地赔款以求得一时安宁与平静。而社会动乱及北宋貌似繁华实则虚弱的状况，在士大夫心灵上投射下阴影。一部分士大夫反省人生意义、宇宙社会秩序及历史文化的发展，充满了社会责任感。另一部分士大夫在社会文化由盛而衰的强烈刺激下，突然感到自信心的崩塌与人生理想的破灭，为了寻求新的心理平衡，他们逃遁于现实世界之外，着意于心灵的安适与更为细腻的官能感受。所以将人生理想的追求方向又从外转为向内的心理趋向日益张大，形成内倾、封闭的心理特征。

（二）理学建构

理学，亦称为"新儒学"，之所以称之为理学是因为两宋诸子所创建的思想体系以"理"为宇宙最高本体，以"理"为哲学思辨结构的最高范畴。理学虽有众多名称，但究其特质是一种以儒学为主体，吸收、改造佛、道哲学，在三道思想精粹之上建立起来的伦理主体性的本体论。宋代理学在其整体形成中，大致可分为开创期、奠定期、集大成时期三个阶段，而这三个阶段的展开，莫不伴随着对佛道思想精粹的吸收改造，围绕着将伦理提高为本体这一主题。周敦颐被视为"道学宗主"，张载与二程（程颢、程颐）为理学奠基者，朱熹使理学更以集大成姿态趋于成熟。

（三）礼制秩序重建

"礼"是中国文化的强劲意识形态，但由于动乱和"胡"文化渗入，礼制秩序式微。针对这种情形，理学家们立足于"理"本体说，将"理"与"礼"的关系解释为本末、文质关系，从而使理的原则在社会生活的各个层面得以实现。这样，使"礼"在以"理"为最高范畴的伦常系统中获得至关紧要的位置。在此基础上，他们详细论证了"穷天理，灭人欲"的基本原则，而且从这个原则出发，把对妇女的约束推向了极致，提出了"饿死事极小，失节事极大"的著名命题，使中国妇女遭受到前所未有的历史性损伤。

"内圣"经世路线的高扬，就是将传统的"内圣"之学提到空前的本体高度，从而造成中国经世路线的转向，进而规范中国传统政治文化心理。应该说，"内圣外王"本身就有两个重点，自孔子以后，荀子力主"外王"之学，孟子则着力发挥"内圣"一面。自秦汉至唐宋初，依靠"外王"经世路线，赢得了空前显赫的权势和功业。然而，宋朝是一个积弱的朝代，整个社会对"内圣"之学格外青睐，认为圣贤位置胜过世俗的功勋，主张"外王"的政治活动必须从属于"内圣"，以"内圣"为指归。

理想人格的建树从"内圣"角度出发，意蕴有三：一曰"孔颜乐处"，实则是指圣贤之乐不在外物，而在自我，是自我意识与万物混为一体。二曰"民胞物与"，其意为百姓都是我的同胞，万物都是我的朋友，要求每个人人格的完成必须置于大众群体人格的完成之中。三曰"浩然正气"，即执著于人格理想与道德信念，不畏任何外来压迫所动摇。这对于中华民族注重气节、注重道德、注重社会责任与历史使命的文化性格无疑产生了深远影响。文天祥"人生自古谁无死，留取丹心照汗青"所传递出来的社会责任感、历史责任感以及道义责任感，闪烁着理想人格的灿烂光辉。

（四）精致细腻的士大夫文化

与理学着意于知性反省、造微与心性之际的趋向一致，两宋的士大夫文化也表现出精致、内趋的性格。

（1）婉约含蓄的宋词。词本起于市井歌谣，属于"胡夷里巷之曲"。后在文人的修改之后，渐渐雅化。宋词之"雅"实际上蕴藏着一种阴柔气质，而宋词的世界，也确是一个阴柔美的世界。

柔美钟秀。宋词从品行上属于"南方文学"大系统。南国的晓风残月、千里烟波、斜风细雨、平湖曲岸，"柔化"着词人的创作心理。与晚唐以来文人词中的柔美钟秀特质相契合，创造出的词境柔美轻约、凄迷委婉。

香艳婉美。晚唐以来城市经济的发展，造成江南城市风光富丽，"举目则青楼画阁",文人们被凄迷艳情所包围,不再做"男儿生世间,及壮当封侯"的豪言壮语,而是享受"浅斟低唱""彩袖殷红捧玉钟,当筵拼却醉颜红""舞低杨柳楼心月,歌尽桃花扇底风""秀艳过施粉,多媚生轻笑",蕴藏于词人内心的"香艳"之情被描绘得那样柔、那样美,如水一样缠绵悱恻、难舍难分。这种香艳婉美的歌词传递出一种具有软性美感的特质。

细腻精致。宋词侧重音律和语言的契合,语言小巧精细,造境摇曳空灵,取径幽约怨悱,极为细腻,极为精致。柳永的"衣带渐宽终不悔,为伊消得人憔悴"、秦观的"漠漠轻寒上小楼,晓阴无赖是穷秋,淡烟流水画屏幽。自在飞花轻似梦,无边丝雨细如愁,宝帘闲挂小银钩",境界虽小而狭,但形象精致,含义微妙,此种细腻精美,是宋词的总体风格。

在词的文人化过程中,苏轼发挥了关键作用。这位于诗、文、书、画均有极高造诣的才子,其词作兼具精妙与宏阔,以一种"超然乎尘垢之外"的"逸怀浩气",一新天下耳目。雅化了的宋词,主要呈现阴柔美。当然,宋词还有另一番风貌,这便是由苏轼开创,以辛弃疾为代表的豪放词风。但数量少,手法也多用豪放的基调,讴唱微妙细腻的心理感受,所以有人说,豪放词派仅仅是婉约的一个分支。

(2)文人画。宋词雅,宋画也雅。士大夫参与绘画,向绘画输入自身特有的文人气质并非自宋代始,但是,至宋代,士大夫方以一种自觉的群体意识投入绘画,把绘画纳入文人生活圈。此种思潮的标志,便是"文人画"观念与理论的提出,以及以前为前导的"文人画"的诞生。"文人画"的特征有如下三方面:其一,诗、书、画一体。中国文人本来就追求包括诗、书、棋、琴、画在内的高雅修养,随着文人士大夫地位的日益提高,群体意识的日益强烈,绘画在这一阶层人的心目中,已不再被看作单纯的再现性艺术,而被更多地作为寄兴、寓意、怡情的手段。其二,格调高雅。宋人偏爱画竹、画梅、画菊,以寓示自己的高风亮节。正如周敦颐《爱莲说》所称:"予谓菊,花之隐逸者也;牡丹,花之富贵者也;莲,花之君子者也。"其三,神韵超然。宋代文人将绘画看作宣泄自身情感与表现自我的一种艺术手段,抛弃绘画中的"形似"手法,高度强调神韵。而且文人士大夫亦以独特的审美观去装饰、赏览周围的生活环境。文房自然成为文人美感所浸染的首冲之地。文房之中最基本的用具是笔、墨、纸、砚四宝,它们应实用而产生,在其后的发展中则越来越富于装饰性、赏玩性。

(五)市民文化

值得注意的是,在这一雅的世界之外,别有一种文化形态崛起,这就是在熙熙攘攘的商市生活、人头攒动的瓦舍勾栏中成长起来的野俗而生动的市民文化。

北宋首都号为东京开封府,又有汴京之称。北宋画家张择端以《清明上河图》展现开封城生动具体而又典型化的历史画面,它以外城内东南角侧的城郊为起点,向西沿着汴河溯流而上,经过内城通津门外的十桥、东角子门,到繁华的保康门街戛然而止。缓缓展开它,便仿佛走入了那喧嚷而久远的都市世界……它反映了宋代的商品经济十分发达,商市的规模远远超过唐代。所以适应市民阶层的需要,在一些繁华的大都市,出现了市民文化表现自我的固定游艺场所——瓦舍。

瓦舍是百戏荟萃之地,每个瓦舍里划有多个专供演出的圈子,称为"勾栏"。众多勾栏上演令人眼花缭乱的文艺节目，如杂剧、杂技、讲史、说书、说浑话、散乐、诸宫调、角抵、舞旋、花鼓、舞剑、舞刀……瓦舍中的观众队伍也很驳杂，以市民为主，文士将瓦舍称为"放荡不羁"之所，正表明这是一个充分展示市民情趣、市民口味的另一个文化世界。与此同时，适应瓦舍演出需要，一批被人称为"书会先生"与"京师老郎"的文人应运而生。他们文化修养和艺术见解高于一般艺人，从而得以运用较为娴熟的文字表达功夫和较丰富的历史知识创作戏剧脚本和"说话"话本，宋代说话有四大家之分。一为"小说"，二为讲史，三为讲经，四为合生或说浑话。在"说话"四家中，"小说"与讲史又最受听众欢迎。

（六）教育和科技成就

两宋文化还有一个重要内容，那就是教育的发达。宋代官学系统有三个特色，一是在学校教育制度上等级差别不断缩小，如宫学向宗学转化后无任何亲疏、国子学向太学转化后无问门第，这样一种转化有利于低级官僚子弟乃至寒门子弟脱颖而出；二是重视发展地方学校，至北宋末期地方州县学发展到高峰。三是形成了一种新型教育组织——书院。据有人统计，宋代书院有近400所。儒生士大夫们不仅以书院为研究学术、推行道德教育的基地，而且追求精神上的自得，体现了"真正的学问研究不在学校而在书院"。这样一来，可以说教育的发展与深刻变化使宋代整个社会的文化素养超过汉唐。而且中国古代科技在宋代发展达到鼎盛：在中国四大发明中，指南针、印刷术、火药武器三项重大发明创造是宋代科技最为突出的成果；在数学、天文学、地理学、地质学、医药学、冶金术、造船术、纺织术、制瓷术等方面也都有耀眼的成就。可以说，在此前后的任何一个朝代，无论是科学的理论研究，还是技术的推广应用，比之两宋都大为逊色。

第五节　中国传统文化的嬗变期（元）

从唐末五代始，西北草原荒漠的游牧民族再次对中原农耕世界发动了规模日益巨大的撞击。与北宋立国相先后，契丹、党项、羌、女真相继在东北、华北和西北建立政权，形成北宋—辽—西夏、南宋—金—西夏对峙的格局。13世纪初叶，一代天骄成吉思汗崛起大漠，剽悍的蒙古铁骑南征北战，在空前辽阔的版图上建立起蒙古国。大河上下、长江南北在中国历史上第一次统一于一个草原游牧民族之手。在这场瞬息万变、震荡迭起的历史大变动中，中华民族与中华文化经受了剑与火的锻铸，展示出包容万千的生命活力。

一、文化背景

征服与被征服。契丹、党项、羌、女真及蒙古对宋人的长期包围与轮番撞击，产生了双重文化效应。一方面，北宋人因被动挨打而产生的悲愤、南宋人因国破家亡而生的悲愤，渗透于宋文化的各个侧面。李清照、陆游、辛弃疾、岳飞等优秀词人的忧患之作与悲愤之唱，范仲淹与王安石所推行的变法，就是这种忧患背景孕育的产物。另一方面，契丹、党项、羌、女真等游牧民族也从汉文化中吸收到丰富的营养。经济后进的游牧民族可以成为军事征服者，一旦深入汉地，则不可避免地被先进的农耕文明所同化，从而演出一幕接一幕征服者被征服的活剧。在辽朝，孔子备受尊崇，《史记》《汉书》

被译成契丹文广为流传。苏轼的词更为辽人喜爱。在西夏，《论语》《孟子》都有西夏文译本而且西夏国还大量任用汉人做官。在金国，儒学被奉为国学，除学习汉学的经书以外，还要学习《老子》《荀子》等诸子典籍。

在汉文化渗透辽、夏、金文化结构之际，契丹、党项、羌、女真统治者并未轻易放弃本民族传统。西夏一方面有"汉礼"，另一方面又有"蕃礼"。为了阻止女真汉化，金统治者采取一系列措施，鼓吹"女真旧风"，宣传"女真旧风最为纯直"。然而，在农耕世界的包围中，游牧民族文化的汉化是一个必然的、不以人的意志为转移的趋势。蒙古族在历史上是北亚游牧民族之一。基于对农业文化的隔膜感，成吉思汗的对外征战，以西进为重点。成吉思汗以后，蒙古贵族军事、政治重心也始终在西方。对于已占领的汉地，则以"西域法"或"蒙古法"加以治理。如圈占农田为牧场，征发民以重差役，掠良为奴。只有忽必烈对中原文化采取欣然受容姿态。这位"思大有为于天下"的亲王，早在公元1244年就在"潜邸"延四方文学之士，"问以治道"。在他身边迅速集结了大批儒生士大夫，他们屡屡向忽必烈进言"行汉法"。忽必烈开始改革旧俗，推行汉制，儒家典章制度的各种细目都被作为一代国制继承下来。尽管忽必烈实行"汉法"并不彻底，漠北固有旧俗仍在汉地大量保留，但是，统治体系与文物制度的"汉化"面貌已十分明朗。

二、元杂剧及文化意义

元代是一个政治现实、思想现实严峻的时代，至高至尊的汉族封建朝廷被还处于较低社会发展阶段的游牧民族踏得支离破碎，人们习以为常的传统信念受到了空前的挑战，国破家亡的巨大痛苦，使整个民族产生了汉代以来最为深沉的郁闷。元代又是一个活力迸发的时代，蒙古铁骑以草原游牧民族勇猛精进的性格席卷南下，汉唐以来渐趋衰老的封建王朝被输入率意进取的精神因子。随着原社会僵硬躯壳的破坏，长期被严格束缚的种种和封建社会主体理论离心的思想情绪也乘隙得以暂时抒放。于是，整个社会的思想文化处于一种失去原有重心和平衡的混沌状态。虽然元统治者对汉文化体系中能有效维系统治的正统意识形态，也十分重视并加以提倡，但是，对传统理性和政治现实怀疑、漠视、厌恶乃至反对的心理与情绪，仍然弥漫于社会各阶层中，尤其是下层社会。这种时代心理的典型具象化，就是辉映千古的元杂剧。

杂剧勃兴于元代，有以下几种原因：

首先，女真与蒙古统治者对歌舞戏曲的喜好促进了北方都市艺人的聚合。南宋孟珙《蒙鞑备录》云："国王出师，已从女乐随行。率十七八美女，极慧黠，多以十四弦等弹大官乐，四拍子为节，甚低，其舞甚异。"对伎乐的喜好，使金、元贵族在驰骋征战之际，还念念不忘借助军事压力向宋廷索取杂剧、说话、弄影戏、小说、弄傀儡、打筋斗、琵琶、吹笙等艺人，因而在北方都市中集中了大量艺人。

其次，蒙古贵族的"贱儒"文化政策促成大批文人涉足杂剧创作。蒙古贵族实行界限森严的等级统治，民族分四等，汉人、南人被压迫在社会底层；职业十级：一官，二吏，三僧，四道，五医，六工，七匠，八娼，九儒，十丐。文士儒生屈居"老九"，位于娼妓、工匠之后，仅先于乞丐一步。与此相应，科举制度中止七八十年，文人重负潦倒的命运，元初一些士子远遁山林以保命节，另一些文人"嘲风弄月"，流连于唱唱打打的勾栏瓦舍。日复一日的勾栏流连，使一些潦落文人与杂剧产生一种亲缘联系，他们与艺人为伍，自称"浪子班头"，并涉足杂剧创作，形成一支具有高度文化素养、与杂剧艺人生死与共的创作队伍，从而使杂剧发扬光大。

最后，在蒙古贵族民族歧视政策下，"沉抑"下层社会的儒生士子，心灵深处郁结着深沉的悲愤与不平，这种情结，急切寻觅着排遣渠道。元代特定的文化氛围中，蒙古统治者的文化辖制，在包括杂剧在内的词曲领域，相对来说较为宽松，杂剧作者得以较为自由地表达那个历史时代深沉的悲愤，与此同时，杂剧独特的艺术特征，如系统的情结展现。直观的生活真实呈现等，使得艺术家有可能淋漓尽致地排泄内心的郁闷，诸种因素的相互推引，造成关汉卿、马致远、宫大用、张小山等人投身于杂剧创作。元杂剧在精神上有两大主调：第一主调是倾吐民众的愤怒；第二主调是讴歌非正统的美好追求。

元杂剧的第一主调是倾吐民众的愤怒。其代表作是关汉卿的《窦娥冤》。剧中窦娥虽是一安分守己、与世无争的弱小女子，然而，她却无法逃避无边的黑暗、众多的恶棍、无边的险恶，窦娥深切感受到的是一种整体性的黑暗，她不由得在绝望中迸发出惊天动地的呼喊。谴责黑暗现实，倾吐内心的愤怒。此外，《蝴蝶梦》《鲁斋郎》《陈州粜米》等清官戏直接贴近百姓渴求正义而不得的心态，表现了13世纪中国人民的郁闷与愤懑之情。

另一主调是对非正统的美好追求，集中表现在一批爱情婚姻剧中，代表作为《西厢记》。

《西厢记》主要描述相国小姐崔莺莺与"白衣秀才"张君瑞对爱情与婚姻的自主追求，因而理所当然受到正统世界的阻止与威压。然而，作者以高超的艺术手法，将这种阻止威压化作失败的一方，而将崔莺莺与张生心头的爱情之梦，推为终成眷属的瑰丽现实，其大胆的叛逆精神昭然若揭。

元杂剧的繁盛，标志着中国戏剧艺术的成熟。自此，中国成为世界上的一个戏剧大国。然而，元杂剧作为中华文化大系中的元素之一，毫无例外地表现出中国文化固有的特征。从表现手段来看，元杂剧主要以歌词文采和音乐曲调取得戏剧效果，其形式是叙事诗，其基调是抒情，而情节的推移，往往在戏剧构架中只有"过门"性质。这种风貌与西方戏剧的注重戏剧冲突、依靠情节构造张力的样式大不相同。

第六节　中国传统文化衰微与转型期（明清）

假如说原始文化是中国文化的孕育期，那么这一时期的文化具有一种大朴式的神秘；假如说春秋战国是文化的轴心时代，那么这一时期就涌动了中国文化的不竭之源；假如说汉唐文化是中国文化的成熟期，那么这一时期的中国文化犹如巨龙在天，大气盘旋；假如说两宋文化由于沉静而内向具有老僧倾向的话，明清文化就具有非常明显的沉暮品格，但其机体内部却涌入了一股革新的洪流，使中国文化在凤凰涅槃中迎接新时代的曙光。

一、空前严厉的文化专制

在中国历史上，朱元璋是一个"朝为田舍郎，暮登天子堂"的突出典型。他出身寒微，青年时当过和尚，又由"造反"起家。在门阀观念、等级思想盛行的封建时代，上述几点都是颇伤大雅之事，因此又生发出一种无比敏感的忌讳，而忌讳的矛头下意识地指向文化水平远比自己高明，又"善讥讪"的文化人，于是，大批儒生士人因文字而遭飞来横祸。如浙江府学教授林元亮为海门卫官作《谢增俸表》中，有"作则垂宪"语；北平府学训导赵伯宁为都司作《贺万寿表》，有"垂子孙而作则"之词，常州府学训导蒋镇为知府作《贺正旦表》中，有"睿性生智"等语，朱元璋把"则"都念成"贼"，以为是讥讽他参加过红巾军，把"生"读作"僧"，认为指他曾出家当过和尚。

清代文字狱远远超过明代，而清代文字狱的特点在于多因镇压汉民族人民的民族意识而发生。康熙年间的戴名世《南山集》案、雍正年间的吕留良文选案都是牵涉数百人的大案。在大兴文字狱以镇压汉民族的同时，清统治者还利用《四库全书》的编纂，对蕴含民族思想的文化典籍展开了空前规模的编纂。全力翦除危及封建统治思想基础的"异端"学说。《四库全书总目提要》的《凡例》便开宗明义地宣布："离经叛道、颠倒是非者，掊击必严；怀诈挟私、荧惑视听者，屏斥必力。"与直接干预《四库全书》纂修的同时，乾隆帝还操纵长达19年的禁书活动，共禁毁书籍3100多种、151000多部，销毁书版8万块以上。在"书禁亦严，告讦频起"的强大威慑力下，"士民蒽慎，凡天文、地理、言兵、言数之书，有于家，唯恐招祸，无问禁与不禁，往往拉杂摧烧之"，中国文化遭到秦始皇焚书以来的又一次巨大浩劫。

二、启蒙思想的前奏

明代中后期新的文化因素的萌动，首先映现在社会风尚的迁变上。一反明初"非世家不架高堂，衣饰器皿不敢奢侈"的"简质"风尚，明代中后期的社会生活靡然向奢，"以俭为鄙"。越理逾制，突破钦定礼制的等级名分之大防，成为明代中后期社会生活的潮流。在这种背景下，带来了观念的变异，一种背离传统礼教的社会观念开始在明代中后期潜滋暗长。中国传统观念向以"贵义贱利"为准，这种观念引导人们追求道德上的完善和道义上的胜利，禁止人们谋求自身的功利。物质愿望被认为是不道德的和低贱的。然而，明代转向崇尚金钱。人们羡慕在现实物质生活中"甘美食，美其服"的商人生活，甚至在明代社会涌现出崇商弃农、崇商弃管的趋势。明代中后期的文学作品，也从描写英雄豪杰、才子佳人转为描写以商人为主体的市民，"三言""两拍"就是这类作品的代表作。在明代以前，婚姻家庭深切地渗透了伦理宗法的精神，"夫为妻纲"决定了妻子必须对丈夫保持忠贞，法律还规定：家长对子女的婚姻有主婚权，男女自由结合要严加制裁。然而，明代中后期的社会文化发展，使有悖于礼教规范的婚恋观开始出现。中世纪婚恋模式以理制欲，抹杀人对精神之爱的追求，而在明代中后期，涌起了追求真知情爱的人文潮流。

三、主体意识的觉醒

所谓主体意识的觉醒即人们意识到自我价值。理解到自我不是家族、社团肌体上的一个简单的组成部分，而是一个独立的、能动的主体，人的价值、欲望得到从未有过的重视。如以"致良知"之说打破程朱理学一统天下的王阳明，虽然就其根本意旨而言是要修补朱学僵化所造成的缺漏，但他感应明中叶以来社会氛围和心理状态的变迁，从人的主动性、能动性上顺次展开宇宙论、认识论、价值主体论，从而否认用外在规范人为地管辖"心"、禁锢"欲"的必要性，高扬了人的本体性，造成对正宗统治思想的一种反叛，成为晚明人文思潮的哲学基础。他的门生王艮以及"泰州学派"的传人李贽则走得更远，已有较为鲜明的市民反对派气息。明清之际三大思想家——黄宗羲、顾炎武、王夫之，及方以智、唐甄、颜元、戴震、焦循等人，更从不同侧面与封建社会晚期的正宗文化——程朱理学展开论战，有的批判锋芒直指专制君主。黄宗羲认为专制君主为"独夫"，而且谴责他们为"民贼"，他们不仅用血腥的手段争夺天下，而且还用血腥的方式来统治天下，每一座专制的殿堂实际上都是用人民的累累白骨垫起来的。因此，一部私天下的专制史就是一部争天下的杀人史。黄宗羲对专制君主的批判，虽然只是从君主虐民残国的角度展开，而未触及专制君主与封建制度本质联系，但是，把君权作为人民的异化力量来揭露，这在君主至上的时代，无疑是张扬了一种与传统截然对立的叛逆精神。黄宗羲、唐甄、顾炎武、王夫之等人尖锐的反君主专制的思想，虽然从实质上言，还是在反对"坏皇帝"，拥护"好皇帝"，未能脱出封建政治思想的怪圈，但是，作为与传统尊君理论相对立的反专制精神，它已达到民本传统的极限，具有一种冲破千年封建网罗之潜势，一旦新的阶级出现在历史的地平线上，这种反专制的文化精神，经过改造，便将成为人们劈向专制牢笼的锐利刀剑。同时对个性自由的追求，包括孜孜追求人格独立、争取思想自由的趋向，在明清文化的各个领域中都有所表现。颇有意味的是，在14—17世纪的欧洲，与封建经济解体、资本主义生产方式萌芽相适应，也有一股新的文化思潮勃兴——"文艺复兴",其思想核心同样反映了对封建蒙昧主义的反叛及对人主体性的高扬。这种现象说明世界各主要民族在冲破中世纪藩篱的历史关口,都必然要兴起一个文化的启蒙运动。

四、明清时期文化成就

明清两代进入了中国古典文化的总结时期。数学、物理学、天文学、地理学、医学、植物学、声律学等诸多学科及机械、冶金、农业、水利等技术分枝都不约而同地展开了大规模的科学总结。李时珍的《本草纲目》对16世纪以前的中国医药学进行了全面总结。书中共收药物1892种,分为6部,60类,又收有药方11000多个,附图1100百多幅。这部50万言的药物学著作被域外学人称为"东方医学巨典"。徐宏祖所著《徐霞客游记》,是一部包容有地理学、地质地貌学、矿物学诸方面内容在内的地理学巨著,其中关于石灰岩溶蚀地貌的创造性研究,约早于欧洲人两个世纪;宋应星的《天工开物》总结性地记述了农业、手工业各个重要方面的生产技术,成为中国古代科技史上一部里程碑式的著作。宋应星因而被英国学者李约瑟称为"技术的百科全书家"。徐光启的《农政全书》成为中国古代农学的总结性巨著。众多科学家在广泛科学技术领域做出的杰出的贡献,形成了颇有声势的科学技术浪潮,标志着中国古代科学技术进入了全面总结的历史时期。同时古典文化高度成熟。《永乐大典》《四库全书》《康熙字典》都是被公认为在不同领域中的超级巨著。在文学领域,《红楼梦》是古典长篇小说的顶峰,《聊斋志异》为古典文言小说的顶峰。

五、西学东渐及其中断

明清之际，即 16—17 世纪，世界格局发生重大变化，萌端于南欧地中海沿岸的资本主义，在欧洲各国迅速发展。资产阶级革命先声——文艺复兴已达到极盛时期，与此同时，反对罗马教廷的宗教改革运动，也如火如荼地蓬勃兴起。在此关头，地理大发现缩短了世界交通的距离，于是幅员广阔、人口众多的中国，自然成为耶稣教扩张的重点目标。这批传教士来到中国，努力顺应当地习俗，寻找基督教与儒学之间的共同点，同时又注意走上层路线，推行学术传教方针，取得了相当的成功。耶稣教学术传教的策略，给明清之际的中国带来西方文化信息，他们给中国带来的图书多达 7000 余部。除了文艺复兴时期的科技成就之外，还包括欧洲的古典哲学、逻辑学、艺术、神学等内容。同时他们也从中国精神中汲取了营养，当时的欧洲不仅流行中国的茶、丝绸、绣品、瓷器和漆器，而且明清一些脍炙人口的小说还转换成戏剧、绘画、雕塑等艺术形式，在世界其他民族中影响甚广，已成为世界人民共同拥有的宝贵文学遗产。

但由于宗法制专制社会结构的强固及伦理型文化传统的深厚沉重，"西学东渐"的过程在明末清初进展缓慢。到了雍正年间，随着基督教传教被逐出国门，"西学东渐"几近中断，中国对外部世界的大门日益关闭。明清两代，是整个世界格局发生剧变的重大时期，当中国驱逐传教士，封闭国门，陶醉于"十全武功"之时，欧亚大陆的远西端，新兴的资本主义呼唤来工业革命，瓦特发明的双向运动蒸汽机，使欧洲人获得一盏"阿拉丁神灯"。产业革命催化国际分工，资本以魔力无穷的巨掌将全世界卷入商品流通的大潮

· 69 ·

之中，宗法农业社会的中国也在劫难逃，工业先进的西方是决不肯放过如此巨大的一个商品倾销地、投资场所和原料产地的。中西方的冲突已成为不可避免之势。1840年爆发的鸦片战争，以血与火的形式把中国文化推入了一个蜕变与新生并存的新的历史阶段。

第三章 中国传统文化的表现形式

第一节 中国绘画

一、中国绘画史概述

中国是世界文明古国之一，中国绘画是中华文化发展历史长河中的一条重要支流，源远流长，波澜壮阔。它是中国传统文化的重要组成部分，是中华文明史中最珍贵、最辉煌的艺术遗产；是历代绘画大师们将自己人生的心路历程融入形象、色彩和构图，用心血和生命创造出来的瑰宝。当我们徜徉在历史的画廊，走进这座如梦如幻的美之殿堂，领略它那博大精深、色彩斑斓的历史内涵和人文景观时，既可以增长知识，提高品位，感受美之真谛，又可以陶冶情操，修身养性，获得美之享受。

中国绘画有悠久的历史，如果从新石器时代彩色陶器上描绘的鱼、鹿纹饰算起，到晚清的绘画，前后经历了7000年的发展历程；即使从长沙出土的楚墓帛画《龙凤人物图》算起，也有两三千年历史。中国绘画的发展，与中华民族长期形成的审美观和中国文明史分不开，尤其与中国的哲学、伦理学、文学、书法、音乐、舞蹈等密切相关。中国绘画渗透着这个儒、道、释各家的哲学思想与审美观念。潘天寿曾说："吾国唐宋以后绘画，是综合文章、诗词、书法、印章而成。其丰富多彩，均非西洋绘画所能比拟。是非有悠久丰富之文艺史、变化多样之高深成就，曷克语此。"（《听天阁画谈随笔》）

远在原始社会，中华民族的祖先在生活中就孕育了绘画胚胎。距今四五千年前的"仰韶文化"，彩色陶器上画有鱼纹、花叶纹、人头纹等图案，还有野鹿、青蛙、鸟雀等图画。在商、周、春秋时期的青铜器上，就铸有直接反映现实生活的画面，如各种动物及宴乐、采桑、围猎的画面。早期的中国绘画包括岩画、彩陶、绘制或铸刻在岩石、陶器、青铜器及建筑壁画、画像砖、漆画、帛画、木版画等。在洛阳殷墓中，还曾发现残破的布质画幔。直至汉代纸张发明后，画家用毛笔在纸上绘画，才逐渐演变成现在的中国画。

两汉和魏晋南北朝时期，国家处于分裂状态，人民饱受灾难，然而绘画却因为民族大融合与文化交流得以飞跃发展。同时东汉佛教的传入导致宣传教义的佛教绘画兴起。许多士族阶层的名流，积极参与绘画活动。这一时期出现了一批历史上确有记载的著名画家，如东晋的顾恺之、宋的陆探微、南齐的张僧繇、北齐的杨子华和曹仲达等，并写出了历史上最早的画论著作。中国人物画已达到成熟，题材范围也有所扩大，除宣传佛教与道教的内容外，还有与文学配合的故事画、描绘现实的风格画等。由于魏晋文人个体意识的觉醒，崇尚自然山水的审美感知，中国山水画开始成为独立画科。

隋唐时期社会经济、文化高度繁荣，绘画也随之呈现全面繁荣的局面。唐代的绘画在历史上具有划时代的意义。首先，绘画的内容更面向现实生活。宗教画出现了世俗化倾向。绘画体裁上，人物画达到历史顶峰，山水画得到迅速发展，花鸟画渐成独立画科。其次，绘画风格多样异彩。既有吴道子挥笔立扫的疏体,又有李思训三月之功的密体;既有金碧辉煌的青绿山水,又有泼墨淋漓的水墨山水;工笔与写意各有千秋。唐代画家有文献和画迹可考的有近400人。由于唐诗的成就和影响,文人士大夫绘画注重情趣,追求意境,著名诗人兼画家王维在艺术创作中表现出"诗中有画,画中有诗"的追求,是文人画兴起的前奏,对中国绘画发展产生重大影响。

短暂的五代则是宋代山水、花鸟画大发展的基础。五代的绘画,是个承上启下的时代,无论人物、山水、花鸟画,都在继承唐代传统的同时出现了新风貌。人物画在表现技巧上,更注重人物神情和心理的描写,传神写照能力进一步提高。山水画有了皴染方式,并形成风格迥异的南、北两大山水画派系。花鸟画出现"黄家富贵,徐熙野逸"两种风格,开创了后世花鸟画的两大流派。对后世均有重大影响。

宋代绘画是继唐代以后中国绘画史上另一座高峰。宋代绘画的成就主要表现在两个方面:一是以院画为代表的现实主义艺术繁荣,二是倾向于表现自我的文人画兴起。宋代是中国画院的极盛时代,在画院的组织形式上是最为完备的。北宋的山水画风在五代的基础上更趋成熟。李成和范宽是北宋初期山水画家的代表,上承荆浩以水墨为主的传统,以表现北方雄浑壮阔的自然山水为主,他们的创作具有划时代的意义。南宋以后,马远、夏圭在描写江南景色方面有突出的贡献,成为当时画坛的主流。更是因为构图多截取山水一角或片段,画面留下大块空白,而被人称为"马一角"和"夏半边"。这种构图简洁、主体鲜明的山水画有一种全新的境界。

宋代中叶以后,画坛出现了一股强调表现主观意趣,表现出重"理"轻"形"的艺术思潮潮,这就是画史上所说的"文人画"理论。文人画家主张绘画要寓意抒情，"不求形似"，崇尚笔墨、形式的意趣，宋代文人画的标志是水墨梅、竹成为独立画科，其代表人物是文同、苏轼、杨无咎、赵孟坚、郑思肖等。文人画的出现是绘画史上一个进步，对中国画的发展起了重要作用。

中国绘画发展到元代，由于元朝蒙古统治者贵族对汉族实行残暴的民族歧视政策，于是逃避现实的隐逸思想在汉族士大夫中甚为流行。寄情遣兴，聊以自娱，文人画思潮逐渐统治中国画坛。绘画的题材反映社会生活的绘画减少，人物画衰落景象，而山水画则有较大发展。画史上元代有成就的画家都表现在山水画的创作上，如赵孟頫、钱选、高克恭及黄公望、王蒙、倪瓒、吴镇等。花鸟画则以水墨梅竹风行一时。元代画家李衎行、管道昇、柯九思都长于画竹，王冕专写墨梅。元代文人画家把"外师造化，中得心源"作为创作信条，使创作富有生气。同时元朝画家明确提出以书法入画的主张，强调诗、书、画的结合，在笔墨技法上也多有创造。元以前绘画材料以绢为主，故画家多用湿笔，而元朝画家多用纸作画，画家在笔法墨法上寻求更多变化，皴、擦、点、染有更高的驾驭笔墨的能力。元代的山水画代表了中国山水画史上的一个高峰，也是中国文人画成熟的标志。

明代绘画流派纷呈，各领风骚。明嘉靖、万历年间，经济繁荣，文化昌盛，并产生新的变化。明代文人画和风俗画大发展，山水、花鸟题材流行，创作宗旨更强调抒写主观情趣，追求笔情墨韵。明清两代画家众多，并形成诸多流派。明代较大的流派有以戴进为代表的浙派，以沈周、文徵明为代表的的吴门派，以董其昌为首的华亭派等十多个派别。明代绘画后期，山水画成为主流，文人写意花鸟画也迅猛发展，画坛尊吴门画派为首。代表画家有张宏、徐渭、陈淳、篮瑛、陈洪绶等。"吴门画派"不仅代表着明代绘画的最高水平，而且还在师古创新的探索中，为后世开一新河。山水画以董其昌为代表的"华亭派"影响最大，在他的画风和理论的带动下，文人画的体系进一步发展和完善。

清代绘画主要以文人士大夫的山水、花鸟画继续在画坛上占统治地位。有娄东、虞山、新安、金陵、江西、镇江等画派。清代绘画大多内容空洞，形式单调，而且创作上崇古保守、因循摹仿，这种倾向在明代已经出现，到清初"四王"（王时敏、王鉴、王翚、王原祁）达到登峰造极的程度。要求作画笔笔有出处，不能脱离古人规范。如此画家几乎成了翻摹古画的机器，一切创作的生机都被扼杀了。由于这种思潮适合于封建统治者的需要，故被奉为画坛"正宗"。但是，当仿古保守的思潮统治明清画坛的时候，一股革新力量打破了万马齐喑的沉闷局面。在明代以陈淳、徐渭为代表，在清代则有八大、石涛与"扬州八怪"（金农、郑燮、汪士慎、李鳝、黄慎、高翔、李方膺、罗聘）领袖群伦，在江南则出现了"清初四僧"（朱耷、石涛、弘仁、髡残）和"金陵八家"为代表，他们在绘画艺术上反对"四王"的临摹之风，表现方法上敢于创新，作品清新活泼，富于个性，具有时代精神。其流风余韵延及近代，被现代著名画家齐白石、徐悲鸿、潘天寿等人所接受。

明清绘画还有一个突出成就，就是以木板画为主的民间绘画蓬勃发展。明初商品经济的发展，城市的繁荣产生发达的市民文学，直接或间接地影响到版画艺术的发展。明清一批著名画家参与了版画创作，如唐寅为《西厢记》插图、仇英为《列女传》插图。陈洪绶的《水浒叶子》和《西厢记》插图，改琦的《红楼梦图咏》，被公认为艺苑奇葩。此外，王概编辑的《芥子园画传》，吴友如在上海主绘的《点石斋画报》，更有深远的影响。文人画家参与创作版画，打破了宋、元以来画家与画工不可逾越的界线，对提高民间绘画起了重大作用。清代民间年画广泛反映社会生活，是十分宝贵的民族艺术遗产。

近代中国社会处于百年激烈动荡与艰苦斗争中，反映在近代中国画坛上，则是各种画学思想的激烈交锋，各派艺术风格的争奇斗艳、复杂纷繁。近代绘画大体上可以划分为五大体系，即以上海为中心的海派、以北京为中心的京派，以及各种形形色色的革新派。海派以任伯年、吴昌硕为代表，以及受海派影响而自成一家的陈师曾、齐白石、潘天寿等。还有在山水画方面取得较高成就的黄宾虹、吴湖帆等。他们继承了明清革新派的优良传统，强调画家的独创精神与文化素养，为中国画的发展做出了卓越贡献。京派基本沿袭清代正统派画学思想，标榜"四王"，强调继承古法，较著名的画家有金城、肖谦中、肖俊贤、贺履之等。在西方文化思潮的冲击下，一批有志革新中国画的画家，从西画中吸取营养，以表现时代精神。最早体现这种艺术思潮的是岭南派，它的创始人是高剑父、高奇峰、陈树人。稍后，则以徐悲鸿提倡中西结合画派的影响较大，蒋兆和、傅抱石、吴作人都是这一画派中较有成就的画家。此外，以农村写生、战地写生为创作主调长安画派赵望云、石鲁；创办上海美专的刘海粟，创办正则艺专的吕凤子；创办无锡美专的贺天健等，都对中国画的革新做出了不同的贡献。

中国绘画艺术在历史的长河中，沿传相续，嬗变演进，形成了民族的审美需求与传统风格。同时又在时代的前进中不断充实、突破和创新，成为华夏艺苑中的瑰宝，也是世界艺术花园中一朵光彩夺目的奇葩。

二、中国画的门类与特点

（一）中国画的门类

中国画的门类，根据不同的划分标准有不同的分类。按表现内容分，有人物、山水、花鸟之分。

按画法分，有工笔、写意、兼工带写之分。工笔画一般要先画好稿本，然后拷贝到经过加工的绢或纸上，先用小笔勾勒，再层层敷色，所谓"三矾九染"，往往精细刻画景物，穷尽奇妙。写意画则用简练的笔法描绘景物，写意画主张神似，不求形似，注重笔墨表现，讲究以书入画，强调画家个性。其中以泼墨画因狂放奇肆又称大写意，或者称为墨戏。兼工带写是把工笔和写意两种技法同时运用于一幅作品中。这类绘画用笔比工笔画稍显粗犷，比纯写意画又较规矩，希望形神皆备，或者该工处用工笔描写，该放处用放笔直写。

中国画按着色分，又有白描、水墨、设色之分。设色中又可分为青绿、金碧、没骨、浅绛、重彩；水墨中又有干笔、湿笔、焦墨之分。白描是以单线勾勒塑造对象，就是描。不用色彩，也称"白画"。白描是中国画最古老、最基础的画法。特别强调线的表现力，产生了各种不同的线描方式。青绿、金碧、浅绛主要用于山水画门类，青绿山水要用石青、石绿颜色填涂，色彩艳丽。金碧山水则在青绿山水上再用金银色勾画轮廓，画面富丽堂皇。水墨画不着任何颜色，多用枯笔皴擦的叫干笔画，反之叫湿笔画，很少用水，只用焦墨作画的叫焦墨画。在水墨画稿上略加赭石、花青等淡色的称浅绛山水。山水、人物、花鸟画都有重彩，大多用不透明的矿石颜料和重墨作画，使彩与墨相映生辉。没骨画是指不用水墨勾勒，直接用色彩点虱而成的画法。

按绘画主体分，则有院体画、文人画、画工画之分。院画是指皇庭宫室供养的专职画家的作品，由于皇家的喜好，长期以来形成讲究工细、富丽堂皇的特点。文人画也称"士大夫画"是封建社会文人、士大夫的绘画。文人画一般回避社会现实，讲究"书卷气"，注重笔墨，脱略形似，强调神韵。画工画。是指民间的以画为职业的画工所画的画所画内容大多为佛像、肖像、建筑花样纹饰、年画及吉祥物。装饰性强，色彩艳丽浓烈，有浓厚的生活气息，缺点是往往流于匠气。

中国画还有以画幅与装裱形式及绘画工具分类等。

中国画一般较常用的分类，还是所谓"画分三科"，即人物画、山水画、花鸟画。

1. 人物画

以描绘人物形象为主体称人物画。中国绘画领域里，人物画的历史最悠久，出现较山水画、花鸟画等为早。人物画是中国画的一个大画科，大体分为道释画、仕女画、肖像画、风俗画、历史故事画等。如历代帝王像为肖像画、五代顾闳中《韩熙载夜宴图》为人物故事画、北宋张择端的《清明上河图》则为风俗画。人物画力求把人物个性刻画得逼真传神，气韵生动、形神兼备，故中国画论又称人物画为"传神"。

2. 山水画

山水画是以描写山川自然景色为主体的绘画。山水画在中国绘画史上占有特殊的地位，但它是出现较迟的画科。这是因为人类对自然美的认识，首先发现的是动物、植物,然后是人类自己,最后才是自然风景。山水画以其取景不同。可分为全景山水、边角山水、园林小品等。如巨然的《秋山问道图》为全景山水。马远的《雪滩双鹭图》为边角山水,金农的《风来四面卧当中》则为园林小品。

3. 花鸟画

花鸟画以花卉、竹石、禽鸟等为描绘对象。花鸟画的兴起要早于山水画,在河姆渡遗址中,就有双凤朝阳的刻骨,在仰韶文化的彩陶图案装饰上,以植物和动物(如鱼、鸟、鹿等)为主题是很普遍的;进入阶级社会后,花鸟画被当作工艺美术的一部分,常在各种屏风、器物或装饰品上出现。花鸟画主要有工笔设色和水墨写意两大体系。因绘画题材不断发展,画家专业化程度提高,历史上对中国画又做过较细分类,而且各个时期各不相同,如宋《宣和画谱》分为道释、人物、番族、宫室、山水、龙鱼、兽禽、花鸟、墨竹、蔬果等。近代,还派生出清供、春宫等门类。清供专画文人案头文房四宝、蔬果、插花之类。春宫则专画男女性事,作为性教育工具。

(二)中国画的特点

中国画是矗立于世界艺术之林的参天巨树,具有独特的民族特色与风貌,无论是表现方法、表现形式和使用工具,都与西洋画迥然不同。概括而言,中国画是一种具有中华民族风格和中国气派的绘画。

1. 以线造型,以形写神

中国画讲究"书画同源",把书法艺术引进绘画,以线条为造型的主要手段。十分讲究用笔,使中国画上的线条具有独立的审美价值。可以说,中国画的线条是万能的，它既造型，又表意，还具有独立的形式美。而西洋画线条一般只表示轮廓的作用。使中国画家取得表现上极大的主动性，摆脱了对物象光暗、色彩的烦琐描绘，而着力于艺术形象的概括提炼，形成中国画非常简练的特殊风格。就画家对线条的运用而言，不同形式的线条正表现出它们不同的艺术风格。有的线条奔放苍劲，有的线条凝练朴质，有的线条雄犷激越有的线条浑厚华滋。从而创造出文质俱备的形式美，给人以极高的艺术享受，可见以线造型也是中国画表现方法上的重要特点。

追求神似。中国画家在绘画艺术发展的早期，画家描绘客观物象的着眼点是画得像不像，即所谓"形似"。到了东晋，顾恺之提出"以形写神"，把"传神写照"作为画的最高境界，从此追求神似成为中国画家在表现方法上的准则。人物画家要刻画出人物的精神气质，山水画家要描绘山川的神采气韵，花鸟画家要写出花木禽兽的勃郁生机。为了神完意足，画家甚至采取"遗貌取神"的表现手段。宋代陈去非论画诗曰："意足不求颜色似，前身相马九方皋。"即是说中国画家在表现方法上像《列子》中所说的那位相马专家九方皋一样。九方皋相马只注意马的神骏，而忽视其为玄黄、牝牡，中国画家作画也追求神似，往往不计其他。据说苏东坡用朱砂画了一幅竹子，有人责难他说："竹子哪有红色的呢？"东坡回答说："难道竹子又有墨色的吗？"苏东坡甚至提出"论画以形似，见于儿童邻"。吴昌硕画牡丹，花用红色，叶用墨色，红与黑相得益彰，鲜艳于烂漫中别具庄重典雅的气度，正体现了"国色天香"的精神本质。

2. 注重意境，抒情达意

中国画家认为，一件优秀的作品必须是画家从对客观事物的观察认识、体验感受中，产生了某种思想感情，通过特殊的艺术构思和形象塑造，把这种思想感情充分表现出来，于是画面上才产生一种动人的境界，这就是意境。

画家在创作时，常带有强烈的主观感情色彩和采用象征的手法，去描绘对象，其目的是为了表现他对客观事物的认识与感情。写景是为了抒情，从而达到寓情于景、情景交融的艺术境界。现代花鸟画家李苦禅画的《鱼图》，一鲈一鲇，题款为《连年有余图》，取"鱼"和"余"的谐音，以表示吉祥的祝愿。其他如画牡丹与白头翁，称为"富贵白头"，画松、石以喻长寿，都是中国画的常用手法。现代画家潘絜兹画的《四季山图》，在具有装饰风格的山水画中，出现不同的少女形象，如梦如幻，表现出"春山如笑，夏山如滴，秋山如妆，冬山如睡"的迷人意境，这更是象征手法的巧妙运用。故用象征手法抒情寓意是中国画的传统。

3. 突破时空，讲究程式

中国画家在创作一幅作品时，常常在时序上，跨越了春与冬，打破了时间界限，使江南春色与北国隆冬，在空间上纵横千里也同时在画面上出现。这种表现方法是中国画家的大胆独创。中国画史上有不少记载：宋代王希孟的《千里江山图》、夏圭的《长江万里图》都是笔扫千里的巨构，而明代徐渭的《百花图卷》，则汇四季花卉于一幅之中。这种突破时间、空间限制的表现方法，使画家获得极大的创作自由，他们不是再现自然的奴隶，而是驾驭造化的主宰，表现了中国画家非凡的胆识。这种表现方法是符合我们民族欣赏习惯的。当我们观赏时，丝毫也不觉得它在视野上、时序上有任何不合理的存在。相反，只觉得不这样处理，不足以表现我们民族的豪迈气魄，不足以表现新时代的伟大精神。把形式和内容和谐地统一在一起，正是中国画艺术上的成功之处。

程式化是我国艺术特有的民族形式。中国画家在描绘客观物象时多采用程式化的方法。所谓程式化，是画家根据客观物象的特征，进行概括、提炼、夸张，使之成为具有规范性的形象，如画人物衣纹有"十八描"、画山石有各种皴法、画树叶有种种点叶法等。程式化方法使画家较易掌握自然形态的特征，根据个人感受去组织变化，而着力于神似的追求。当然，程式化的发展曾产生过一些消极因素，有的画家依赖于固定程式，不愿深入生活，失去艺术的创造力。但这不是程式化的过错。正如京剧表演艺术一样，演员每一举手投足都有固定的程式，但一个优秀的表演艺术家仍能借此传神入化把剧中人物的性格表现得淋漓尽致。程式是在不断发展、丰富的。优秀的中国画家，能创造性地运用程式或突破程式的约束，以表现自己的独特个性，"我用我法"，使艺术永葆青春。

4. 诗书画印，综合体现

中国画的综合性，表现在画完一幅画以后，还要在画面上题款、盖章，这件作品才算最后完成。题款，包括诗文和书法两种艺术。诗、书、画、印，都是独立的艺术品种，把在画面上综合起来，既发挥各自的艺术功能，又相互配合，成为一件完整的艺术品，这是中国民族绘画形式的重要特点。诗、书、画、印结合，是在中国画的发展过程中形成的。最初题款只是作为画的注脚。如汉宣帝令人在麒麟阁画《十一功臣像》，每个画像上面都注上姓名和官爵。五代黄筌画《珍禽图》，画面左下角题有"付子居宝"一行字，说明是给他的儿子黄居宝习画用的。魏晋时代的题款大多是绘画内容的概括，好像写文章必须有标题一样，如吴曹不兴有《南海监牧图》、顾恺之有《洛神赋图》、顾景秀有《蝉雀图》等。到了唐宋，画家开始追求画中要有诗的意境，使画题也要具有诗意。在具体作品中讲求诗、书、画、印的有机结合，并且通过在画面上题写诗文跋语，表达画家对社会、人生及艺术的认识，既起到了深化主题的作用，又是画面的有机组成部分。

三、中国画历代名家名作举要

展子虔《游春图》。东晋、南北朝时的山水画早已不能看到，现存最古老的一幅山水画，是隋代展子虔的《游春图》。

《游春图》现藏故宫博物院，绢本，大青绿设色，高43厘米，宽80.5厘米。它是经过历代皇家贵族及其他收藏家辗转珍藏而保存下来的艺术珍品。画上还有宋徽宗赵佶写的"展子虔游春图"6个字。这幅画以春游为主题，画面上展现出初春的宜人景色：辽阔的江面水波荡漾，茂密的树丛嫩芽初吐。生动地描绘出在春和景明时节，士人们徜徉于城郊山水之间的纵情游乐情景。

顾恺之《洛神赋图》。《洛神赋图》为代摹本。画卷采取连环画形式，《洛神赋》是三国时著名诗人曹植的作品，是中国文学史上传颂千古的名篇。顾恺之为赋作图时，充分发挥了艺术想象，再现了原文浓郁的诗的意境。他笔下的洛神端庄美丽，时而徜徉于水面，"凌波微步"；时而遨游于云端，"若轻轻云之蔽月若流风之迴雪""翩若惊鸿，矫若游龙"，含情脉脉，仪态万千，把一个美艳多情的古代妇女形象描绘得淋漓尽致表达了，曹植潇洒的文士风度及其对甄氏的深情和依恋。

李思训《江帆楼阁图》。李思训《江帆楼阁图》是唐代青绿山水的代表作品，现藏台湾组本，大青绿设色。李思训，字建。玄宗开元初封为左武卫大将军。他一家五人（弟思海、子昭道、侄林甫、侄孙凑）并善丹青，而李思训父子的成就最大。所以当时的人称李思训为李大将军，李思训的儿子李昭道按照习惯也被称为小李将军。李思训的山水金碧辉映，继承了展子虔《游春图》的传统，具有工细巧整、青绿重彩的特点。这幅画山石勾勒用笔挺劲、优美而有曲折变化，表现出坚硬的质感。这正符合张彦远对其"画山水树石，笔格遒劲"的评价。而且画山已有皴法，表现出阴阳向背，增强了立体感。树木画法和傅彩设色，都更为工细巧整、绚丽多姿，表明青绿山水画法已达到成熟的地步。所以前人在评论唐代山水之变时，有"始于吴，成于二李"的说法。

荆浩《匡庐图》与董源《潇湘图》。五代、宋初山水画的两大流派的山水画，起着承前启后的桥梁作用。宋代山水画达到前所未有的高度，喻之为"千山竞秀，万壑争流"。然而就风格来说，可以地域分之，不外以荆浩、关同、李成、范宽为代表的"北方派"和以董源、巨然为代表的"南方派"。

荆浩（生卒年不详），字浩然，沁水（今山西）人，博通经史。在唐末五代中原战乱的时候，隐居在太行山的洪谷，自号洪谷子。他的山水画多描绘北方崇山峻岭、层峦迭嶂，画面上全是大山、大树，称为"全景山水"。这种构图方式遂成为北宋山水画的特征。他的画追求表现天地之无限、宇宙造化之壮观，有一种雄伟壮阔之美。

董源，钟陵（今江西）人，南唐时曾任北苑副使，故后世称其为董北苑。《潇湘图》现藏故宫博物院。此图表现沈括说他"尤工秋岚远景，多写江南真山，不为奇峭之笔"。米芾也说他的画"峰峦出没，云雾显隐，不装巧趣"。可见"平淡天真"确是董源山水画的风格特色，而这种特色又是来源于江南的真山真水。为了表现江南的真山真水，他创造相应的一套笔墨技法。董源画山石多用披麻皴法，点擢多用不经意的小墨点，苍苍茫茫，浑厚华滋，充分表现了江南江南山光水色的特有情趣。董源现存作品有《夏山图》《潇湘图》《龙宿郊民图》《夏景山口待渡图》等，都属"淡墨轻岚"的风格。

黄公望与《富春山居图》。《富春山居图》纸本，长约700厘米，高30多厘米。此图描写富春江一带初秋的景色。画面上峰峦起伏，丘壑连绵，逶迤变化，幽深莫测；近松挺健，远树含烟参差俯仰，疏密有致。村舍、亭台、小桥、渔舟以及点景人物穿插散落其间，更增添了平淡天真的意趣。洲渚岸边，波光粼粼，溪谷深处，飞泉飘落；山间树梢，薄雾迷离，使画面静中有动，更富神韵。作者以巧妙的构思，收千里于毫楮，把富春江两岸极其丰富的景物有机地连在一起，达到段段有景、步步可观的艺术效果，使观画者应接不暇，为之神往。在湿笔披麻皴中，融入干笔皴擦，并兼用米点皴，表现出富春江两岸山峦坡岸地质松软与草木丛生的特色。笔墨极其洗练，创造了一种雅洁淡逸的风格，把山水画技法推到一个新的高度。清代王原祁说它"绝无求工求奇之意，而工处奇处斐亹（神采优美）于笔墨之外"，这正是文人画家所追求的平淡天真的艺术境界。

八大山人《孔雀牡丹图》。八大山人（1626—1705），原名朱统，明江西宁献王朱权九世孙。明王朝覆灭后，改名朱耷，曾用雪个、个山、驴屋、八大山人等别号，并削发为僧，后来又当了道士，南昌建造"青云谱道院"。常以画表达国破家亡忧愤之情，他把"八大山人"四个字连起来写，成了"哭之""笑之"的样子。

《孔雀牡丹图》是八大山人63岁所作。图的上部画了一块垂着一株牡丹和几片竹叶的石壁。下部画着一块上大下小、摇摇欲倒的顽石，石上蹲着一双形状丑陋，只有三根尾毛的孔雀。画上题诗道："孔雀名花雨竹屏，竹梢强半墨生成。如何了得论三耳，恰是逢春坐二更。"这幅画很令人费解，诗也难懂。据学者考据，画上的孔雀的形象正是清朝大臣的样子，三根尾毛形同"三眼花翎"。诗中的"三耳"，是借《孔丛子》里爱探消息的奴才臧"三耳"，讽刺他长三只耳的故事。"坐更"是影射大臣二更就去坐等上朝，上朝本在五更，其迫切巴结主子的奴才相更可耻。牡丹为花中之王象征主子，而牡丹长在悬岩上暗示它没有土壤；孔雀站在危石上，暗示根基不牢。因此无论主子还是奴才，都一样有垮台的危险。这就是《孔雀图》的寓意。

八大山人正是在清朝残酷的"文字狱"高压政策下，用书画十分隐晦曲折地表达自己的愤世嫉俗。所以清代画家郑燮曾题八大山人作品的一首诗："国破家亡鬓总皤，一囊诗酒作头陀。横涂竖抹千千幅，墨点无多泪点多。"寥寥四句，却简洁道出了八大山人悲凉的身世及其绘画的艺术特点。

黄宾虹《九华秋色图》。黄宾虹，名质，字朴存，别署予向。1865年（清同治四年）出生于浙江金华，1955年卒于杭州。黄宾虹博闻强记、学问渊博，具有文学、诗词书法、篆刻等多方面修养，擅长山水，也画花鸟，对画史、画论深有研究。90岁时，华东人民政府向他颁发奖状，称他为"中国人民的优秀画家"，被公认为是近代中国画坛上的山水画大师。

黄宾虹成为现代山水画大师的重要原因是：他是一位70岁以后"创风格"的画家。他的山水画黑密厚重、淋漓尽致、大气磅礴，而具有浑厚华滋、意境深邃的特色。特别是他的墨法和水法，可说是前无古人的。黄宾虹把用墨总结为"七墨"，即浓墨法、淡墨法、破墨法、泼墨法、积（渍）墨法、焦墨法、宿墨法。他认为作一幅画，如果能七墨齐用，才可算是法备。如 91 岁时所作的《九华秋色图》就是七墨齐用的。

把水法作为一种独立的技法提出来，则始于黄宾虹。他说："画案之上，一钵水，一砚墨，两者互用，是为画法。然而两者各具其特性，各尽其所用，各有其千秋，故于墨法之外，当有水法。"黄宾虹在笔法上也有极高的造诣，提出了用笔平、圆、留、重、变五个字，称为"五笔法"。他是现代山水画技法的集大成者。

第二节 中国棋艺

一、中国棋艺的概述

棋者，奕也。下棋者，艺也。博弈是东方文化生活的重要组成部分，它不但不同于一般的消遣游戏，还影响和陶冶着人们的道德观念、行为准则、审美趣味和思维方式。琴、棋、书、画并称中国四大传统艺术形式，成为一种具有丰富内涵的文化形态。"弈"中的恬淡、豁达、风雅、机智和军事、哲学、诗词、艺术共聚一堂。黑白之间、楚河汉界内外，棋艺带来的启悟和内涵被无限拓展，棋盘之外的天地被融合为一，成为中国棋文化的最大特点之一。方寸棋盘，还具有磨炼人的意志，陶冶人的情操，振奋民族精神的作用。围棋和象棋是中华民族智慧和意志的结晶，是中华民族优秀的传统文化遗产，包含了中华五千年悠久的历史和厚重的文化沉淀。

棋是以对弈为主，其中有互相的博弈。在中国具有代表性的棋类就是围棋与象棋了。它们是中国古人文化的结晶，也是当下流行的娱乐游戏。

（一）历史起源

围棋。春秋战国时期围棋已在社会上广泛流传了。到了南北朝时期，由于玄学的兴起，导致文人学士以尚清谈为荣，因而弈风更盛，下围棋被称为"手谈"。上层统治者也无不雅好弈棋，他们以棋设官，建立"棋品"制度，对有一定水平的"棋士"，授予与棋艺相当的"品格"（等级）。当时的棋艺分为九品。隋时期由19道棋盘代替了过去的17道棋盘，从此19道棋盘成为主流。而随着隋朝对外的政策，高句丽、新罗百济把围棋带到了朝鲜半岛，遣隋使把围棋带到了日本国。唐宋时期，可以视为围棋游艺在历史上发生的第二次重大变化时期。由于帝王们的喜爱及其他种种原因，围棋得到长足的发展，对弈之风遍及全国。当时的棋局已以19道作为主要形制，围棋子已由过去的方形改为圆形。唐代"棋待诏"制度的实行，是中国围棋发展史上的一个新标志。由于棋待诏制度的实行，扩大了围棋的影响，也提高了棋手的社会地位。这种制度从唐初至南宋延续了500余年，对中国围棋的发展起了很大的推动作用。明清两代，棋艺水平得到了迅速的提高。通过频繁的民间比赛活动，使得围棋游艺更进一步得到了普及。

象棋。象棋的发展象棋的发展分为七个时期，即孕育期、童年期、争鸣期、高潮期、中落潮、鼎盛期和稳步期。传说其鼻祖是六博棋。分曹并进，遒相追些。成枭而牟，呼五白些。昆即玉，六博亦菎蔽象棋。用象棋一词指六博始见于此。当然象棋与六博的形制完全不同，六博是一种掷采行棋角胜的局戏，象棋则是一种靠智谋、技术、修养等较量的竞技运动。由于六博与后来的象戏有着一定的渊源关系,象棋一词的诞生,孕育着日后象棋的产生,故将象棋名词诞生之时至南北前周武帝宇文邕制《象经》前,这一段时间称为象棋的孕育期。

规则。局面术语:开局按各自的战略思想把棋子布成一定阵势的阶段,通常在10回合之内,但当前棋手们对开局的研究越来越深入,某些明属于开局的变化已达到前15回合,开局后期和中局前期交织;中局:是阵势布列后双方棋子接触,进行扭杀的阶段,介于开局与残局之间;残局:尾声阶段,主要特点是兵力大量消耗,盘上特点从中局大量子力的扭杀转变为少量子力间互动,残局阶段直接性的战斗接触减少,子力的调运最为关键;先手:开局时红先,对局中的主动者;后手:开局时黑后,对局中的被动者。起着:开局第一着;妙着:对局中,一方走出出人意料的棋,从而取得战术上的成功,或棋局的主动权;正着:当时棋局下必须走的一着或数着,也指正确着法或官着。劣着:一方弈出着法无全局观念,或进攻不当,防守不力,往往导致局势不利或失败。入局:在双方纠缠阶段,一方组织子力对另一方产生一个战术打击并且此打击直接获胜的过程,入局可能是连杀,也可能只是小兵开始渡河,但必须是能产生胜利的过程。优势:一方兵力多于另一方,或掌握了棋局的主动,明显好走。均势:双方局势均衡、兵力相等。胜势:一方多子占优,局势大局已定,胜利在望的一方称胜势。

棋谱的记录方法。象棋现行的记谱法一般使用四个字来记录棋子的移动。第一个字表示需要移动的棋子。第二个字表示移动的棋子所在的直线编码(红黑方均为由己方底线从右向左数),红方用汉字、黑方用阿拉伯数字表示。当同一直线上有两个相同的棋子,则采用前、后来区别。如"后车平四","前马进七"。第三个字表示棋子移动的方向,横走用"平",向对方底线前进用"进",向己方底线后退用"退"。第四个字分为两类:棋子在直线上进退时,表示棋子进退的步数;当棋子平走或斜走的时候,表示所到达直线的编号。而围棋的记录方法就是在纸上画上棋盘,黑子用黑笔或蓝笔记,白棋用红笔记,只要按落字的顺序在画好的棋盘上画圈,在圈中填上相应步数就可以了。例如,黑先下第一步,就用黑笔在黑落子的位置写圆圈和填上即可。

(二)棋之文化

围棋文化。围棋是一个智力游戏,起源于中国。在亚洲的围棋人口有数千万人,在欧美国家也有不少人会下围棋。

围棋的规则十分简单,却拥有十分广大的空间可以落子,使得围棋变化多端,比中国象棋更为复杂。这就是围棋的魅力所在。下一盘围棋的时间没有规定,快则五分钟,慢则要几天,多数时候下一盘棋需要1~2小时。

下围棋对人脑的智力开发很有帮助,可增强一个人的计算能力、记忆力、创意能力、思想能力、判断能力,也能提高人对注意力的控制能力。下围棋也会对小孩子起到积极作用,使他们能更好地分析事物。

围棋的发展。被人们形象地比喻为黑白世界的围棋,是我国古人所喜爱的娱乐竞技活动,同时也是人类历史上最悠久的一种棋戏。由于它将科学、艺术和竞技三者融为一体,有着发展智力、培养意志品质和机动灵活的战略战术思想意识的特点,因而,几千年来长盛不衰,并逐渐发展成了一种国际性的文化竞技活动。

围棋,在我国古代称为弈,在整个古代棋类中可以说是棋之鼻祖,相传已有4000多年的历史。据《世本》所言，围棋为尧所造。晋张华在《博物志》中亦说："舜以子商均愚，故作围棋以教之。"舜是传说人物，造围棋之说不可信，但它反映了围棋起源之早。

围棋在长期的发展过程中，还有许多有趣的别名。围棋盘是方的，棋子和棋盒是圆形的，有人称它为"方圆"。

春秋、战国时期。春秋战国时期，人称之为"弈"，当时围棋已在社会上广泛流传了。

秦、汉、三国时期。秦灭六国一统天下，有关围棋的活动鲜有记载。在东汉时期，"围棋"二字已在书面语言中普遍使用。直至东汉中晚期，围棋活动才又渐盛行。1952年，考古工作者于河北望都一号东汉墓中发现了一件石质围棋盘，此棋局呈正方形，盘下有四足，局面纵横各17道，为汉魏时期围棋盘的形制提供了形象的实物资料。与汉魏间几百年频繁的战争相联系，围棋之战也成为培养军人才能的重要工具。著名的"建安七子"之一——王粲，除了以诗赋名著于世外，同时又是一个围棋专家。

南北朝时期。由于南北朝时期玄学的兴起，导致文人学士以尚清谈为荣，因而弈风更盛，下围棋被称为"手谈"。上层统治者也无不雅好弈棋，他们以棋设官，建立"棋品"制度，对有一定水平的"棋士"，授予与棋艺相当的"品格"（等级）。不过，棋谱的大量出现，在围棋发展史上成为一件具有影响力的大事，是在南北朝时期，这与围棋的盛行、当时统治者对围棋的重视，以及纸的广泛应用等因素有关。

南北朝期间出现的"棋势""棋图""棋品"之类的专著不下20种，其中"棋势""棋图"是对局的记录，"棋品"可能是对棋手的品评。

唐、宋、元时期。唐宋时期，可以视为围棋游艺在历史上发生的第二次重大变化时期。由于帝王们的喜爱及其他种种原因，围棋得到长足的发展，对弈之风遍及全国。这时的围棋，已不仅在于它的军事价值，而主要在于陶冶情操、愉悦身心、增长智慧。弈棋与弹琴、写诗、绘画被人们引为风雅之事，成为男女老少皆宜的游艺娱乐项目。

明、清时期。明清两代，棋艺水平得到了迅速的提高。其表现之一就是流派纷起。明代正德、嘉靖年间，形成了三个著名的围棋流派：一是以鲍一中（永嘉人）为冠，李冲、周源、徐希圣附之的永嘉派；二是以程汝亮（新安人）为冠，汪曙、方子谦附之的新安派；三是以颜伦、李釜（北京人）为冠的京师派。这三派风格各异，布局攻守侧重不同，但皆为当时名手。在他们的带动下，长期为士大夫垄断的围棋，开始在市民阶层中发展起来，并涌现出一批"里巷小人"的棋手。他们通过频繁的民间比赛活动，使得围棋游艺更进一步得到了普及。

象棋文化。象棋历史久远，趣味浓厚。千百年来，其之所以深受世界各国人民喜爱，是因为它包含有体育、艺术和科学的因素。象棋爱好者都知道，引人入胜的对局，构思精巧的排局，它的魔力决不亚于一曲动听的音乐、一幅绝妙的图画或其他艺术。另外，它在临局交争时的战斗性和竞争性，更是其他艺术所不能比拟的。它越来越受到人们的热烈爱好。由于象棋在世界各国流传很广，历史悠久，关于它的起源问题，说法也较多。

近百年来，关于象棋的起源，大致有中国、印度、埃及、希腊、波斯和阿拉伯等清说，其中以中国、印度、埃及、希腊四说最盛。据日人涩江保《泰西事物起源》说："象棋系希腊七贤中名希腊者所造。"1930年从埃及开罗发出一条惊动世界棋坛的消息，有 7000 年历史的古代象棋盘，在一个名叫乔沙欧克的大祭师的坟墓内发现；另外，还发现大祭师同他的夫人的像。由此可见，象棋游戏，至少在耶稣降生前 5000 年左右即为埃及发明，并不是由波斯人或中国人发明。这条消息一时惊动了全世界棋坛。如果它是真实的话，那么，关于象棋起源问题的喋喋不休的争认，就此可以了结。然而，不久就被人们发现，开罗通讯社的这条消息是不真实的——象棋为埃及人所发明被否定了，起源于波斯和希腊的说法也缺乏根据，因此，争论的焦点又集中到起源于印度或中国的问题上来了。

在 20 世纪 50 年代和 60 年代，苏联象棋史学界认为象棋起源于印度，中国象棋是从印度传入的。这个观点为欧洲某些象棋史学家所否定，他们对此论点提出质疑，而且认为象棋是中国古代人民创造的。

象棋藏谱关于中国象棋的起源，在我国古文献中也有几种有趣的传说：

起源于传说时代的神农氏，如元代和尚念常《佛祖历代通载》说："借神农以日月星辰为象，唐相国牛僧孺用车、马、将、士、卒加炮代之为机矣。"

起源于传说时代的黄帝，如北宋晁补之《广象戏格·序》说："象戏兵戏也，黄帝之战驱猛兽以为阵。象，兽之雄也，故戏兵以象戏名之。"

起源于战国之时，《潜确居类书》说："雍门周谓益尝君：足下燕居，则斗象棋，亦战国之事也。盖战国用兵，故时人用战争之象为棋势也。"

起源于北周武帝之时，《太平御览》说："周武帝造象戏。"

明罗颀《物源》说："周武帝作象棋。"

上述几种关于象棋起源的传说，有的也有一定的根据，值得进一步追溯。但从这些传说中已可看出我国古代象棋的萌芽。

世界上的一切事物都是在对立的矛盾斗争中逐渐发展起来的，象棋的发展也是这样。根据一系列的史料记载，中国古代象棋的制度变化很大，它的整个发展过程是由简单到复杂、由易到难、由初级到高级，而且是由量变到质变。历史证明，象棋是中国古代人民在长期实践中不断创造革新的成果，它深深地扎根在中国劳动人民之中，广泛流传。它与琴、书、画并列，被称为四大艺术之一，也是中国古代文化宝库中光彩夺目的一颗明珠。

春秋战国与秦汉时期的象棋。春秋战国时代，是我国奴隶社会衰亡、封建社会刚刚兴起的时代。这是我国历史上一个大变革时期，也是我国古代史上文化大发展时期。当时的科学技术、数学、天文学、军事学及体育艺术等，都有相当发展。棋艺被当时的学者认为是数学的组成部分，并且在这个百花园中开放。其实，棋艺与当时的天文学、数学、军事都有关，也可以说，它是在这些科学的基础上形成和发展起来的，而且成为我国古代文化的组成部分。春秋战国时期的棋艺，统称"博弈"。博在古文献中或写成簿，也叫象棋。"燕则斗象棋"等。中国象棋一词的来源，当出自此处，绝非舶来品。

秦汉时期。秦汉时期，随着生产的发展、政权的统一，各地区和各民族之间的联系加强了，其文化事业也蓬勃发展起来。如著名的《九章算术》的出现、造纸术的发明、张衡的地动仪、华信的医药学，都是这个时期对人类所做的杰出贡献。就象棋而说，当时不是专指单一的某种棋，除围棋外的其他几种棋戏如六博、弹棋等均称象棋。

魏、晋、南北朝时期的象棋。三国、两晋、南北朝的时候，由于中国各民族的大融合、各族人民的辛勤劳动，社会生产有了一些提高，我国科学文化也相应地得到了新的发展。象戏产生在南北朝时代不是偶然的。因为人们对当时的棋戏——如六博、塞戏觉得着法简单，趣味太淡，围棋则太费时间，而象戏却正好居于二者之间，适宜于一般群众的文体活动。我国自南北朝至北宋末的象棋，古文献中都以"象戏"名之。

隋唐时期的象棋。隋唐时期，我国南北统一，疆域广阔，经济发达，中外文化交流十分频繁。因此，各族人民共同创造了光辉灿烂的文化，如李白、杜甫、白居易等的唐诗，吴道子、阎立本的绘画及其他科学艺术，成为当时世界上最大的文化宝库之一，深刻地反映了我国古代人民卓越的才智。这个时期的棋艺如围棋、象棋、双陆、弹棋等，也都有了新的发展。

唐牛僧孺著《玄怪录》中有《巴邛人》一篇，讲述象棋的神话故事。大意说，有个巴邛人，家有橘园，因霜后橘已收，但余下两个大橘，摘下剖开一看，每橘都有两个老人在下象棋。橘中戏不但是后人小说、戏曲的题材，也是许多诗人的题材，明代的著名象棋谱《橘中秘》《橘中乐》等书名当来源于此。

北宋时期的象棋。北宋是中国古代象棋的大革新时期，960 年，后周的大将赵匡胤夺取帝位，建都河南开封，史称北宋。北宋是我国象棋史上的大革新时代，这个象棋革新运动，整整持续了 160 多年，最后才定型为今日的中国象棋。

由于火炮的发明，在军事战略战术上也起了新的变化，它反映到象棋中来，促使了象棋的变革。

据民间传说，北宋太祖赵匡胤与道士陈抟下象棋，赌输了华山。这个传说可能来自明代，清初吕留良《象棋活》说："华阴县载：宋太祖落魄时，曾游华山，与希夷老人对象棋，太祖负于陈。遂于即帝位时，罢免华山附近黎庶之征摇，以示不食前言，今犹有遗迹存，可证。"

南宋和元代象棋的发展。南宋和元代是中国近代象棋定型后进入的一个新的发展时期。定型后的中国象棋，艺术性和娱乐性都大大地加强了，深受当时广大群众的欢迎和爱好。象棋在南宋初不仅遍及全国，而且已是家喻户晓。南宋的都城杭州出现了专制象棋子和象棋盘的手工业者。

北宋末南宋初，是中国近代"九十路"象棋的定型时期。自此之后，中国象棋更向前发展了，象棋谱也应运而生，并且在数量上也逐渐增多了。南宋至元代的象棋谱，据可靠文献记载，有《棋经论》《单骑见虏》《事林广记》等。

明、清象棋的发展与棋谱简介。在明朝封建统治270多年里，中国象棋的发展非常迅速，尽管当时在士大夫阶级中有弈博象贱之称。但在市民、手工业者及农民中却有很大的发展。

现存明代残局谱有《梦入神机》（残本），《梦入神机》象棋谱十二卷。作者佚名。现存残本144局。《梦入神机》在明代是一部相当流行的象棋谱，明代各藏谱家都曾收藏过此谱。但令人十分惋惜的是，至今尚未发现其他完整的版本流传下来。《梦入神机》残本，是郑国钧于1949年在天津静海县的一个集市上，从一个姓杜的杂货商的包装纸中抢救出来的。经过郑的搜集，仅有一、二、三卷残本和卷七一册共285局。从中删去与《道清雅趣》相同的局数后，尚存144局，这是非常难得的宝贵遗产。

象棋将棋子分为将（帅）、士（仕）、象（相）、马、车、炮、兵（卒）等七种。功能各异，贵贱不一。其胜负只取决于将帅之存亡。只要将帅仍存，即使全军覆没亦不为输；而将帅若遭不测（被将死），即使未失一子亦算失败。

其余各子也因功能不同而地位不一，价值大有区别。车可横冲直撞，所向披靡；马可腾越出击，纵横驰骋；炮可隔子发威，火力凶猛；士、象则拱卫城池，以身护帅；兵卒则亦步亦趋，只进不退。由此衍生出诸子地位悬殊，不可等同。就本领与杀伤力而言，将帅属于最为无能之辈，不仅行动迟缓，杀伤力差，且不能越孤城半步，却要所有棋子拼死护卫，甚至被杀光吃尽，亦在所不惜。其余各子也等级森严，贵贱分明：车乃棋中至宝，万不可轻弃（被抽将则无奈，丢车保帅是也）；只要不是为最高领袖，决不可失。马、炮地位大抵相等，开局时炮似乎稍胜于马，而残局中则马大胜于炮；最为惨烈者当属兵卒，数量众多，因而弃之不惜；本领有限，因而作用不彰；只许前进，不能后退，因而前景黯淡，结局惨烈。即使不被干掉或有意喂吃，或因保其他棋子而被牺牲（如"丢卒保车"等），拱到底则成"老卒"，几同无用。这是等级社会最为生动、最为集中的体现，是中国封建社会的缩影。在这个等级森严、竞争残酷的游戏中，每个棋子因人为规定的功能和作用不一而命运各异。车是何等风光，横扫千军，如入无人之境；若被对方干掉，则不啻让弈者割肉抽筋，疼痛至极，为保其性命，则不惜以牺牲其他多个棋子为代价。马、炮也算是不枉活一世，拼杀苦战，效力沙场，丢掉也令人叹息扼腕。而兵卒之辈，冲锋在前，挨炮打，遭马踏，往往中途夭折，甚至未曾起步，便鸣呼哀哉；即使福星高照，幸运万分，自强不息，拱到最后，却变成废子一般，蟹行蠕动于底线，回首漫漫征程，想想临终处境，着实可悲可怜也。这是下层人民在传统社会的真实写照，是中国传统文化体系贱视苍生的生动体现。对比之下，国际象棋中虽然也有兵卒若干，但本领较之中国象棋之同类为大，且一旦冲到底线，则摇身变后，法力无边，给予下层人士以安慰和希望。两种文化之间理念的差异不言自明。就产生时间而言，围棋必早于象棋。《博物志》云："尧造围棋,丹朱善棋。"虽不可信,但其产生于严格的等级制度形成之前,应无异议。其各子平等,机遇相同的构思设计,就是中华先秦文化中"民本思想"的具体体现。而象棋各子之间与生俱来、无从更改身份差异和为保统帅而不惜耗尽生灵的僵化理念,是秦代以后专制制度的最佳诠释,加上"楚河、汉界"作为佐证,其生辰八字则大抵可定矣。就弈者而论,弈围棋者主观能动性大,自主性强。不必为保全先已设定之统帅而煞费苦心,只需以全局形势为依据进行判断。而象棋弈者则着实可悲,必须经受折马损炮甚至丢掉爱车的痛苦,而只是为了那位无能的统帅之安危。将一人之存亡凌驾于群体安危之上,这种游戏规则乃中国传统社会结构和规则的缩影,是典型的中国专制思维的折射。从游戏法则角度言之,二者恰恰相反。围棋是在用加法,开始时空无一人,好生寂寞,而随着双方落子,棋子越来越多,最终则往往拥挤不堪,几无落脚之处;而象棋则用减法,开始时战阵严整,兵将齐全,而随着双方厮杀,棋子越来越少,到残局时诸子凋零殆尽,一片狼藉;最后往往仅剩光杆司令,困守老城。真是两种感受、两种意境。象棋布阵直观固定,局面一目了然,故而就初学者而言,较为浅显易懂,弈之者众;而围棋则难以揣度,深奥莫测,表面平静似水,突然骤起杀机。故而非智商较高者不得为之,不然往往徒招其辱,毫无乐趣可言。

二、棋包含的文化秘密

(一) 围棋棋盘契合宇宙空间的本性

围棋棋盘标准正方形,由纵横各 19 条线垂直、均匀相交而成,构成一幅对称、简洁而又完美的几何图形。如果你久久凝视棋盘，会产生一种浑然一体、茫然无际的感觉。如仰视浩瀚苍天，如俯瞰寥廓大地。日本围棋大师吴清源考证说："围棋其实是古人一种观天工具。棋盘代表星空，棋子代表星星。"

围棋棋盘的最大特点，在于它的整体性、对称性、均匀性。它全然一个整体，上下左右完全对称，四面八方绝对均匀。它既无双方阵地之分，也无东西南北之别。棋盘可以横摆、竖摆，下棋者可以从任何一边落子。围棋棋盘的这些特点十分契合宇宙空间的本性。现代宇宙学证实，在大尺度的宇宙空间，物质的分布并非杂乱无章，而是呈现高度的对称与均衡。而宇宙同时在以均匀和对称的方式不断膨胀。

（二）围棋棋子的"元素性"象征着宇宙物质

围棋棋盘隐含奥妙，围棋的棋子也蕴藏玄机。围棋棋子具有一种"元素性"的特点，即是一种最抽象、最概括的存在。

围棋对奕演绎自然规律。围棋棋盘象征着宇宙时空，围棋棋子概括世界万物，围棋棋子在棋盘上的行棋对奕则隐喻着宇宙生存、发展、变化、运动的总规律。围棋对奕首先隐喻着宇宙有生于无的生成规律。象棋对奕从"有"开始，尚未开战，棋盘上早已壁垒森严。围棋则从"无"开始，从空无一物的棋盘上陆续落子。宇宙的创生是从有而来，还是从无开始呢？老子说："天下万物生于有，有生于无。"《易》云："无极而太极。"大爆炸假说认为，宇宙源于200多亿年前某个时刻的一场大爆炸，从绝对的无中产生了时空空间，诞生了原始宇宙，并不断膨胀，演变成今天这个样子。

围棋对奕其次象征着宇宙繁生于简的发展规律。围棋的规则极为简单，而且是最大限度的简单，它的棋子无级别划分，没有功能规定，自由落放，平等竞争，但随着棋盘上棋子数量的增加和经营空间的扩大，量变引起质变，围棋便逐渐由简单至复杂、由有限进入无限。

围棋考古。围棋是我国传统棋艺之一，在我国古代称作"弈"，与我国古代另一种游戏"博"并称为"博弈"。围棋比象棋出现的更早，相传起于尧、舜时代，盛于六朝。唐、宋、元、明时期名手辈出，到清朝尤其鼎盛。迄今为止已有2500多年的历史。传说中，晋代张华《博物志》中记载，尧造围棋以教子丹朱；或曰，舜以子商均愚故作围棋以教子。不过传说终究是传说，尧、舜时期相当于中国原始社会的末期，当时的社会分工和人类文化尚处于萌芽状态，在那种历史条件下是不大可能创造出表现高智慧的围棋来的。围棋古称"弈"，起源于西周。历经春秋战国时已发展至成熟阶段。春秋末期，围棋已经在上层社会相当流行了。

发现的最早的关于围棋的文字是《左传》中以围棋来比喻卫国国政的记载，说的是西元前559年，卫献公将入国，宁喜许之，大叔闻子曰："宁子视君不如弈棋，何以免乎？弈者举棋不定，不胜其耦，而况置君弗定乎！必不免亦！"《左传》把"弈棋"比作"视君"，说明"视君"之难；又以"举棋不定"来比喻政治上的优柔寡断。

（三）历史影响

棋文化。棋文化中国古代兵家讲究的是"智、信、仁、勇、义"。

何谓智？其一，运筹于帷幄之中，决胜于千里之外。不同于西洋象棋的王可以四处移动，中国象棋的将帅闲坐九宫之内。其二，在古象棋的演变中，士相在西洋象棋中演变成了"后"，而"象"演变成了"传教士"，而在中国象棋中，成了谋士和丞相，显示了中国文化中智胜于力的定论。其三，西洋象棋棋子个个有十八般武艺，连小卒都能升变；中国象棋中大子活动空间大，能纵横往来。由于双方子力相等，小子也是胜负天平上重要一码。中国文化中"物尽其用，人尽其才"的概念一览无余。

何谓信？其一，三军对垒，车、马为左右军，将帅坐镇中军，上下同生共死。西洋象棋在规则演变中，出现了"王车易位"，开局未已，"王"已藏于一角，未战先怯也。中国象棋在演变中，将格化为点、线，增加了河界，扩大了棋子的活动范围，而棋盘一大，杀死老将变得困难，故为了便于攻击，中国老将虽枪林弹雨，坚守于九宫之内，以示破釜沉舟，决战之心。若未战先藏，士卒谁肯卖命？其二，士相环绕，士不离九宫，象棋不过河界，专心护主，忠信也。

何谓仁？棋至残局，虽大子尽失，然士相全可和一车，小卒终局对面笑，不至于战至一兵一卒之惨烈。所谓得饶人处且饶人。

何谓义、勇？春秋战国时，小卒感大将吴起吮疮之恩，足不旋踵，战死于阵。小人之类何必聒聒言西方之"升变"？士为知己者死，虽小卒亦知义。

欧洲封建时期，等级观念严重，棋子有高低之分，而中国象棋流传于市井之间，上下平等，显示中国象棋的平民文化。有无知者反议论中国象棋等级观念强，不知从何而起。

又有无知者怪言"中国象棋级别越高越无能"，恐怕也是来源于"造原子弹不如卖茶叶蛋"同一时期的谬论。在现代企业中，管理和技术人员（白领阶层）的作用是不言自重的。如前面所言，中国象棋是斗智不斗力的游戏，士相是运筹者的象征，一个重视知识、尊重文化传承、尊重人才的民族才能绵延数千年，笑傲东方。

中国象棋是经典国粹备受喜爱，因此民间在借鉴象棋的基础上延伸及改革、创新和发明出许多精彩的创新棋种。

作为两人竞技艺争胜负的棋艺活动，不管它们的产生、演变如何，都形成、定型（或基本定型）于战争出现的阶级社会，这在中外各个国家民族都是相同的。它们从不同的侧面和折射面，对当时社会、政治、军事、文化，都有所反映，而且各有特色。

中国的棋历史源远流长，品类甚多，著述丰富，嗜爱者遍及各阶层，政府也常设官供职。这些皆非其他国家民族所能及。外国的棋，主要是我们今天所称的国际象棋。中国不但有象棋，而且有更高层次的围棋（就军事理论的比拟意义上说）。至于民间各种棋类，如丢方、连环三、六子冲等，那就更多了。古代宫廷内有弹棋，那是单纯技巧运动，和现在的台球差不多，不属于棋的项目、范畴。

晋代张华《博物志》说："尧造围棋以教子丹朱，或曰舜以子商均愚，故作围棋以教之。"这是当时流行的托古想象。原始社会人有那样高的思维创造力和赖以产生的物质基础吗？很难想象！唐代皮日休《原奕》曾举多种理由加以驳斥，谓其"害诈争伪之道，当纵横者流之作矣，岂曰尧哉！"推定它是春秋剧烈政治军事斗争背景下的发展物。这种说法至今仍少异词。象棋则出现稍晚（战国之际），兵种为车、马、兵，以将帅统士相内卫临阵，与当时作战方式相仿。但其厮杀着法却较简单。唐末增两"炮"（传为牛僧孺所为），方使它战略战术空前丰富起来。"炮"字当时作"礮"，那是火药还未用于战争的缘故。

国际象棋易使人联想到古印度、希腊、罗马：王、后统率全军，后的威力特大，且无中国象棋九宫限制，到处征伐。中国帝王不上战场，只用将帅。后无地位，更上不了棋盘。除了几个少数民族的王会在外征战（如冒顿、耶律德光、蒙哥），其他多不出九宫大内。秦始皇灭六国，并未走出阿房宫临阵打仗，崇祯帝死社稷也跑不出九宫之外。

围棋与军事斗争的战略战术理论，对应得丝丝入扣，有关著述也多。外国行家对此叹为绝止，称它是中国"不受外来文化影响的独具匠心的发明"。北宋张拟《烂柯棋经》述其要旨为论局、得算、权舆、合战、虚实、自知、审局、度情、斜正、洞微、名数、品格、杂说。

三、从中国象棋看中国传统文化特征

（一）中国文化中的棋艺

从中国象棋的行棋方式看，反映了中国传统文化注重稳定、偏向防守的特征。中国象棋包括将（帅）在内，在理论上最多只有12个棋子可以参与到进攻战中，"士、象"基本上只是专门用于防守，用于保护"王"，而且将（帅）的行棋范围有限。其余兵种的行棋也都有诸多"限制"，诸如"憋马腿""憋象眼"等。这其实反映中国传统文化的一个特征，较为注重求稳，注重防守。比如我国耗费大量人力、物力修建的万里长城，在古代是用来防备北方游牧民族南下中原的，在中国历史上也较为少见诸如西方殖民拓展时期的冒险家，在一定程度上就是中国传统文化求稳定、偏重防守特征的反映。

从兵种的分布和功能来看，反映了中国传统文化中等级森严的特征。中国象棋的等级性表现的较为明显，诸如在布局上，"帅"只能在"九宫"禁区内行动，帅的两翼是"士"在那儿紧紧护卫，外侧还有相、马、车、兵。从这个方面来说，中国象棋兵种上最大的特点就是中国象棋兵种的级别越高，在作战的时候出力就最少。比如"帅"，只能在"九宫"禁区内行动。按理说，身为统帅，理当冲锋陷阵，但是中国象棋中的"帅"却是足不出户，"居住"于九宫内，基本上帮不上什么大忙。再如"士"（仕）。"士"只能在"九宫"中保护"帅"，中国象棋设士，分列帅旁，俨然是一对保镖。再看"象"（相）。中国象棋中的"象"，仅仅能在己方的地盘上飞来飞去，而且还时常为"憋象眼"所限制。综上所述，中国象棋往往是以牺牲低级兵种为代价保护自己的"将（帅）"，以达到击败对方、赢得胜利的最终目标。这其实反映了中国传统文化的一个重要特征：只要把敌人打败，将自家的"帅"保住，便是虽死犹荣、虽死犹生。众所周知，在战争中牺牲的主要是下级军官和士兵，诸如中国象棋中的下级兵种，但是只要能够击败对方，保护自己的高级官员和皇帝，那么他们的牺牲也是值得的。皇帝也会给功臣们各种封赏，功臣们一能为国尽忠，二能博取功名，出人头地，也是乐其所用。

兵种的称谓、棋盘的布局也反映了中国传统文化在性别、价值观方面的特点。中国象棋中的兵种称谓没有"女性"的位置。中国传统文化中有"男尊女卑"的思想，对女性的要求是在家"相夫教子"，而且要遵循"三从四德"的要求，对女性的束缚非常之严，从某种程度上说到了一种苛刻的地步。这种思想在中国象棋中有明显的表现，在全部棋子中，竟无一名"女性"，

"女性"明显的被忽视了。再如"士""相"。中国象棋中的"士""相"则象征了皇帝身边的重臣,是侍奉皇帝的。士通(仕),这便反映出中国传统文化中注重获得官职,步入仕途的世俗价值观。从棋盘的布局来看,中国象棋的棋盘呈现长方形,中间有"楚河汉界"相分隔。这种规格有这样一种含义:"各守疆界,互不侵犯"。"楚河汉界"的典故很容易让人想起楚汉争霸时期刘邦、项羽之间达成的以鸿沟为界,互不侵犯,永世修好的典故来。这反映出中国传统文化中"和为贵"的价值观,奉行"人不犯我,我不犯人"的信条,显现出中国传统文化中崇尚和平的特征。

(二)古代围棋运动的文化价值分析

有利于提高古代人民的生活质量。在我国源远流长的传统文化中,围棋以其丰富的文化底蕴和全面的文化价值始终占有重要的地位。千百年来,围棋一直被人们视作修身养性的工具,充分凸显出它提高古代人民生活质量的卓越功能与价值。东汉班固在《弈旨》中说道:下棋以至发愤忘食、乐以忘忧;围棋聚精会神于棋与道家气功聚精会神于丹田同出一源。围棋"五得"即"得好友、得人知、得教训、得心语、得天寿",也就是说,围棋可以使人们广交朋友,教人们如何和别人和谐相处,让人们懂得人生的规律,当然对人们的健康长寿也有着不可替代的作用。著名小说家金庸曾经说过:"围棋是一种公平至极的游戏,只要有半分不诚实,立刻就会被发觉。每一局棋都是在不知不觉地进行一次道德训练。"因此,围棋常被人们称作"头脑体操",能锻炼人们准确灵活的思路、周密严谨的思考,使头脑经常得到锻炼。而清醒而健全的头脑,是延年益寿的重要因素。围棋教人持"平常心",不要看重一子一局的得失，而要在棋技中寻求创新，在艺术上寻求开拓。"平常心"与佛门之道是何等的一致，其蕴含的简单而又深邃的哲理是对围棋而言，更是对人生而言。

有利于提高古代人民的综合素养。这主要体现在两个方面：首先是可以提高人们的智商和情商。智商包括记忆力、洞察力、形象思维和逻辑思维能力。情商指情绪智力，是人在精神、气质、意志和心理上适应生命的能力。围棋是智力的较量、思维的艺术，需要判断、构思、计算和决策。这对于智力的开发、提高是有很大帮助的。棋局跌宕起伏瞬息万变、大喜大悲，这些都可以锻炼提高人们的注意力、控制力、意志力。号称"石佛"，十多次获得围棋世界冠军的韩国棋手李昌镐的取胜之道就在于他的"不为世俗所动，不为荣辱所惊"的心态和修养。其次，可以提高人们的文化素养，陶冶情操。作为一门艺术，围棋高雅、深邃，讲究情趣，讲究意境下棋时，更注重沉稳、飘逸的棋风，端庄潇洒的姿态和彬彬有礼的风度。《棋经》说道："胜不言，败不语，振谦让之风者，君子也，起忿怒之色者，小人也。"围棋文化已融入了中国文学作品，有很多音韵优美的诗词和历史名著咏传着围棋，以棋寄情，以棋寓志。对围棋文化的实践和研究，不仅可以培养人们的君子风度，提高文学的审美能力和鉴赏水平，同时还有助于全民族素质修养的提高。

有利于促进各国各民族的文化交流与传播。在漫长的历史岁月中，围棋渐渐流传到国外，逐渐为世界各国人民所喜爱。现在，围棋已成为一项世界性的体育项目，成为世界各国人民文化交往的一个组成部分。而在我国古代，围棋对于全世界各国人民的文化交流与传播也起到了不可忽视的重要作用，中国围棋文化的传播与影响的涉及面十分宽广，不仅对亚洲各国围棋文化的发展起到了基础性作用,而且还对遥远的欧洲文明的发展有着推波助澜的积极影响。首先,围棋在亚洲各国的传播与发展。早在汉代,张骞出使西域,我国与中亚细亚各国往来就开始了。古印度等国文化传入中国的同时,中国古代的文化也向那些国家传播,其中就包括围棋文化的外传。据后秦和尚道朗翻译的《大般涅槃经·现病品第六》记载,在印度诸国就曾流行着中国古老游戏,如围棋、弹棋、六博、投壶等运动。现在在孟加拉、不丹、尼泊尔等国,也还流行着 15 道和 16 道围棋。其走法和我国围棋基本相同,只有个别地方稍有差异,可见围棋在印度等南亚国家流传甚广。中国与朝鲜的文化交流也是从汉朝就开始了。当时朝鲜尚未统一,分为高句丽、戚、韩等部。汉光武帝时,戚人与汉人杂居,受汉人文化影响更大。韩又分为马韩、辰韩、弁韩三部分。后来,在马韩的故土上建立百济国,在辰韩、弁韩的故土上建立了新罗国。在《北史·百济传》上就有"百济之国……尤尚围棋"的记载。百济在朝鲜半岛的西南部,和中国的文化交流最为密切,所以围棋首先传入百济国。以后,围棋在朝鲜半岛广为流传,《旧唐书·高丽传》已有"高丽好围棋之戏"的记载了。公元 7 世纪,新罗统一朝鲜半岛,从此更多地吸收了唐文化,并经常派遣一些贵族子弟来中国留学。这时的围棋,在朝鲜已相当普及了。《新唐书·东夷传》上说"(新罗王兴光)二十五年死,帝尤悼之,赠太子太保,命邢涛以鸿胪少卿吊祭……又以国人善棋,诏率府兵曹参军杨季鹰为副,国高弈旨出其下,于是厚遗使者金宝",可见围棋在朝鲜是非常受重视的。几乎与此同时,中国围棋文化也深深影响着日本围棋的发展。围棋在日本能有今天这个繁荣昌盛的局面,虽与日本人民的努力是分不开的,但不可否认的是,在这种繁荣的背后中国传统围棋文化的传播起到了举足轻重的积极作用。中日围棋文化交流，在我国唐代尤为兴盛。当时，日本多次派遣使者来中国。随同遣唐使者来中国的留学生吉备真备、阿部仲麻吕等，回国后都对围棋的传播起了积极作用。公元16世纪的日本棋手僧中虚来华，与中国棋手林应龙合著棋书《适情录》一事也已说明古代中日两国围棋文化的交流是何等的频繁与深入。其次，围棋在欧洲的传播与发展。相比围棋在亚洲各国的传播而言，其在欧洲各国的传播与影响要小得多，但并不是没有影响。这正如葡萄牙航海家门德斯·平托在他的《费南·门德斯·平托航海记》中所说的，16世纪时，葡萄牙航海人员曾在中国、日本学过围棋，并将它带到了欧洲。如果这话可靠，则那时欧洲已有围棋了。不过，一般认为，19世纪围棋才开始在欧洲流行。

有利于增强中华民族的民族自尊心和自豪感。几千年的文明史证实：围棋文化与中华民族的兴衰休戚与共，与中华传统文化息息相关。围棋文化中"和谐"的思想、辨证的哲理和游戏的方式充分体现了中华民族的思想、伦理道德观念和行为准则，反映了中华民族的智慧和才能，同时也交织着中华民族的欢乐和忧愁。围棋是中华民族的宝贵财富，同时，也是中华民族献给人类的"没有文字的、没有语言障碍的"文化珍品。每一个中国人应该为我们民族的悠久历史和灿烂文化而感到自豪，为围棋对世界文化的贡献而感到骄傲。围棋文化为振兴民族精神发挥着巨大的作用。

围棋是一种游戏，是一种体育竞技项目，但围棋更是一种文化，是中华文化的重要组成部分。它作为我国古代文化的优秀遗产，经久不衰，至今已遍及世界五大洲，广为流传。围棋运动不仅可以锻炼人的身心、陶冶人的情操、提高人的智力，而且还能在某种程度上激发和增强中华民族的民族自尊心和自豪感，加深与世界各国人民的感情。对我国古代围棋运动的历史进程及其文化价值进行探讨，不但可以通过系统梳理其发展流变的脉络而使人们明晰古围棋运动发展的概况与特点，更为重要的是能以此为契机，对拓展我们进行古代体育史研究的视域，进而弘扬我国的优秀传统体育文化，有着重要的理论价值。

（三）超脱的美学内涵

围棋在古代又被称为木野狐，因为喜欢下棋的人常常被围棋独特的魅力迷住，无论是棋盘、棋子、棋盒还是对弈的双方和棋的内容，都体现了围棋不同的美学内涵。

棋具之美。围棋棋盘材质一般由整块的木料制成，上好的木材有揪木和框木等，这类木材木质坚硬，质量轻盈，做出的棋盘通体金黄，色泽艳丽，长时间存放也不变形，甚至散发出阵阵幽香。双方对弈时，棋子敲击在棋盘之上发出阵阵金石之声，别有一番情趣。再说棋子，围棋的棋子皆为圆形，分为单面凸和双面凸两种，日韩一般都习惯使用双面凸的棋子，而我国千百年来都喜欢使用单面凸的棋子，其中以云南产的云子为主。云子的质地细腻玉润，色泽显得格外晶莹柔和，云子坚而不脆、沉而不滑。黑白子特点各异：白子温润如玉，柔而不透，微有淡黄或翠绿之色；黑子"仰视若碧玉，俯视若点漆"，漆黑润泽，对着阳光察看则呈半透明状，棋子周边有一种宝蓝色光晕，显得格外美丽。

场所之美。围棋对弈之时，非常讲究境界和氛围，历史上的著名围棋对局一般都是在风景秀丽地产生。对弈环境的优美可以使对弈双方充分得到自然气息的滋养，下出去的棋自然不一般。所以，一般重要的围棋比赛都选在灵秀之地举行，比如我国著名的天元围棋赛选择江苏的同里作为比赛地，在江南的秀美山川之下，棋手可以最大限度地获得自然的灵性，自然也会下出超凡脱俗的对局。韩国著名名人战的决赛选在寺庙内进行，对弈双方处于晨光暮霭之中，耳畔响起的是晨钟暮鼓，双方对面而坐，仿佛超脱了时空一般，忘记了世间的种种烦忧，这本身就是一种大美，正如老子所说，大美无形、大音希声。这种氛围之美，也只有围棋才能长久拥有。

招数之美。围棋盘上有361个交叉点，空间广大，赋予对局双方的想象空间十分巨大，这有益于对弈者下出名载史册的围棋招数，围观者和后人可以完整地领略围棋的招数之美。日本第二届棋圣战七番棋决战中，加藤正夫九段挑战当时已经53岁的藤泽秀行九段。前四局比赛中，加藤正夫九段以三比一遥遥领先，第五局比赛，藤泽九段执黑棋背水一战，黑棋在布局阶段就大张模样，等着加藤正夫九段的白棋打入破空，结果执黑的藤泽九段在第手长考了三小时之久，几乎穷尽了白棋所有的变化和求生可能，人们描绘当时藤泽秀行九段长考之时仿佛老僧入定一般，待到黑棋第手一出，可谓一锤定音，将白棋一条百目之巨的大龙屠掉。这盘棋被后世之人奉为经典对局，这手棋无论是创纪录的长考、围杀的子数还是计算的缜密，都堪称首屈一指的妙手。

第三节 中国书法

一、书法艺术发展简述

中国书法是我国一种独特的艺术形式，它是以汉字为表现对象，用以兽毫为主制成的毛笔作为表现工具的线条造型艺术。

汉字是世界上最古老的文字之一。在西安半坡仰韶文化遗址出土的陶器上，就发现具有文字性质的刻画符号。据考古测定，距今有五六千年。这些符号独立演进发展，终于形成庞大完整的汉字系统。

除了汉字，世界上最古老的文字还有5000年前的苏美尔人的楔形文字、4000年前的古埃及象形文字、公元初美洲玛雅人的古文字。但这些古文字都相继消亡没有流传下来。唯独汉字在中华民族数千年历史发展中，适应了语言的变化，成为交流思想、传播知识的工具，而且发展成为一门世界上独一无二的书法艺术。

中国书法之所以被称为东方艺术的奇葩，其基础本源于汉字的特殊结构。汉字起源于象形文字，也就是通过描摹自然形态之美而诞生。古代就有关于"仓颉造字"的传说。据唐代张怀瓘《书断》记载，仓颉仰观天上日月星辰，俯察地上鸟兽草木，"博采众美，合而为字"。象形文字，像图画一样再现自然，包含着美的因素，就是书法艺术的胚芽。

东汉许慎《说文解字》把古人造字方法归纳为六种，"六书"，即象形、指事、会意、形声、转注、假借，并一一做了解释：象形，即用线条画出实物的形状。如日、月、山、水。象形字近似图画,但本质上有所区别。它是构成汉字的基础。指事,即用象征性的符号表示一定的意思。如上、下、本、末。会意是把两个或两个以上象形或会意字组合起来,以表示一个新的意义。如众、森、明、暮、形声,用表意的形旁和表音的声旁组合成一个字。如沐、功、笆、问。转注,是说一类意义相同的字,可以互为注释,如"考"和"老"。假借,是说本来没有的字,借用同音字或音近的字。如"求""距"。

总之,"象形"是"六书"的基础,繁复的象形汉字,经过历代的演变,虽然逐渐趋向符号化、抽象化、简笔化,但仍然存在"不象形的象形"性质。这是汉字最基本的特点,也是书法艺术最重要的规律。书法家通过汉字的这个特点,在书写点画时,在意念中有形象活动,也就是"意象"。

值得强调的是,当中国书法从象形到抽象,从实用进入表情达意的时候,便具备了现代艺术的特征。所谓现代艺术,即是说它没有事先选定描绘对象,没有事先确定的艺术准则,完全是作者思想感情的倾泻。这种表现主观自由的艺术,在7世纪时的中国唐代张旭的狂草已得到充分的体现。而西方直到20世纪,抽象派画家康定斯基才考虑:用纯粹的艺术手段表达"内心的语言""不必借助外部世界形象"。中国书法正是用这种纯粹的艺术手段来表达内心语言的艺术,它是一种令世界瞩目的古老而又富有生命力的艺术。

(一)先秦——书法艺术的孕育时期

我国书法艺术源远流长,远在先秦时代的文字中,就孕育着书法美的萌芽。据文献记载,在伏羲氏的时候,"画八卦,造书契以代结绳"产生了文字。《史记》上也有孔子登泰山,见到过古代"封禅石刻"的记载。但这些都仅仅是一种传说，无实物可考。为学术界公认的我国最早的古汉字资料，是商代中后期（约前14至前11世纪）的甲骨文和金文。

甲骨文是刻在龟甲兽骨上的文字，是迄今为止所发现的我国最古老的文字。奴隶制时代的殷王朝，凡祭祀、田猎、农事、天候、疾病等，一切大小事都要通过占卜预测吉凶祸福。占卜后用文字记录下来，称为"卜辞"。现在我们见到的甲骨文，就是公元前1100多年殷王室的卜辞。公元1899年，在河南安阳小屯村古殷都废墟中发现了甲骨文字。从书法艺术的角度审察，甲骨文已经具备了中国书法艺术的三个基本要素：用笔、结体、章法。从用笔上看，甲骨文以刀代笔，因为刀有钝有锐，甲骨有坚硬有疏松，所以刀刻笔画有方圆深浅，具有拙朴之美。从结体上看，甲骨文虽大小错综变化，但均衡、对称、稳定，已初步形成中国书法的形式美。从章法上看，一片甲骨文的文字，或疏落有致，或谨密严整，或有纵行而无横行，显露出中国书法的章法特点。

同时，由于书刻者都是占卜巫师，表现出"敬鬼神，畏天命"，诚惶诚恐的态度，所以甲骨文表现出殷商巫术礼仪文化的时代特征。

金文是殷周时代铸刻在钟鼎彝器上的铭文，又称"钟鼎文"。

周宣王时，太史籀著大篆15篇，进行了中国文字的第一次改革。

后人把史籀以前的文字称作"古文"，把史籀以后的文字叫作"大篆"或"籀文"。金文属于大篆。金文发展大体分为三个阶段：（1）殷代与周初。代表作品如《利殷》《大盂鼎》。（2）周代中期。如《毛公鼎》《散氏盘》；（3）春秋战国时期，代表作如《越王勾践剑铭文》《虢季子白盘》。

春秋时期还出现了石刻文字，其中最著名的是秦襄公八年送周平王东迁的纪功碑《石鼓文》，被清代康有为誉为"书家第一法则"。

（二）秦代——书法艺术的启蒙时期

公元前221年，秦始皇兼并天下，建立我国第一个中央集权的封建专制王朝。由于春秋战国时期，各国文字差异很大，是发展经济文化的一大障碍，因此，秦王朝命丞相李斯主持文字改革，对大篆进行整理省改，形成全国统一的文字。

秦统一后的文字称为小篆。小篆是与大篆相对而言，为秦代通用文字，故也称"秦篆"。之所以叫篆书，据郭沫若考证："篆者掾也，掾者官也，故所谓篆书，其实就是掾书，就是官书。"

秦丞相李斯既是一位推行新政的改革家，又是著名文字学家和书法家。秦始皇巡游天下留下纪功刻石，大都是李斯书写。据《史记·始皇本纪》记载，秦刻石共有泰山、琅琊台、之罘、碣石、会稽、峄山六处，七次刻石。李斯所书秦代刻石现存原石仅有两块，一块是琅琊台刻石，但上面的13行文字一全部模糊剥蚀。另一块是《泰山刻石》，仅存10个字，也只有8个字完整。西安碑林的《峄山碑》为宋代摹刻，被公认为最接近李斯书法原迹。

秦代还出现了隶书，因为篆书虽是官方规范文字，但书写难速度慢，于是掌管文书的小官吏，为书写便利创造使用了隶书。晋代卫恒说"秦既用篆，奏事繁多，篆字难成，即令吏人佐书，曰隶字"，所以古代也把隶书称为"佐书"。1975年湖北云梦睡虎地秦墓出土了1000多片秦代竹简，上有秦隶的墨迹，是秦代书法宝贵的遗产。

（三）汉代——书法艺术的奠基时期

汉代分西汉和东汉，300余年间，是汉字书法发展史上关键的时期。两汉时期隶书取代篆书成为通用规范的书体，并由隶书而演变为草书、楷书和行书，至汉末，我国汉字书法已五体齐备，奠定了书法艺术的基础。

隶书在汉代经历了隶变。隶书虽在秦代广泛应用，但是在汉代才成熟而定型化，这个过程被文字学家称为"隶变"。隶变是书法史上一个伟大的变革。

定型后的隶书彻底消灭了中国文字的象形形态，它臆造偏旁，混同了形体不同的字，同时也分化了形体相同的字，强同使异，强异使同，造成汉字形体的巨大变化，是从笔画到结字都方正平直化的新书体。

汉隶在笔画上具有波、磔之美。所谓"波"，指笔画左行如曲波；所谓"磔"，指右行笔画的笔锋开张，形如"燕尾"。成熟定型化的汉隶，又名"八分"。东汉树碑立传之风盛行，刘勰《文心雕龙·碑》说"自后汉以来，碑碣云起"。因此，遗留至今的碑板有170多种，是我国书法艺术的宝库。

汉碑的风格多种多样，异彩纷呈。按照隶书笔法与艺术风格不同，大致可分以下三类：第一，笔法圆浑，挺劲含蓄。以《石门颂》《西峡颂》为代表。第二，方整挺劲、爽利痛快。以《张迁碑》《衡方碑》为代表。第三，方圆兼济、法度森严。以《礼器碑》《史晨碑》为代表。东汉还有著名的《孔宙》《礼器》《史晨》《华山》《衡方》《张迁》《乙瑛》七大名碑。

汉代以隶书享誉一代的首推蔡邕，汉灵帝时所立《熹平石经》，就是蔡邕所书。据说碑始立时，万人空巷，争相观看。

隶书成熟的同时，汉代草书、楷书和行书也在汉代产生。晋代卫恒称："汉兴而有草书。"草书是为了争取书写速度而新创的书体,汉代草书有"章草"与"今草"之别。章草,起源于西汉元帝时黄门令史游作《急就章》,因此名"章草"。章草是以章草闻名的书法家,有东汉章帝时的杜度、崔瑗,时人并称"崔杜"。今草是章草的进一步草化,笔势连绵,偏旁有许多省略假借。

楷书,又称"真书",是为追求隶书形体的进一步美化而创造的书体。楷书将隶书的波磔演变为撇捺,还有了"点""钩""折"等笔画。

行书是介于草书与楷书之间的书体,是一种流行广泛的书体。

汉代书法五体的变化发展,为晋代书法艺术的确立奠定了基础,也为笔势飞动的狂草开辟了道路。

(四)魏、晋、南北朝,书法艺术的确立时期

从汉字书法的发展上看,魏、晋、南北朝是书法艺术的确立时期。原因主要是楷书、行书、草书完成书体了演变,已经成为时人习用的书体。同时出现了一批士族文人把书法艺术作为表情达意的手段,作为对人生"不朽"的追求。并且基本形成了中国书法艺术的理论。

魏晋南北朝是一个大动乱、大变迁的年代,两汉经学崩溃,老、庄学说重起,思辨精神的玄学代替了迂腐的经学。另外,战争的灾难使人们对人生哲理产生思考。于是文人士大夫一方面放浪形骸、消极遁世,以饮酒、清谈为时尚,一方面通过文艺形式寄托忧思,表现风神气度。这一时期出现了一大批善书能画的名家。其中钟繇、王羲之崛起,真书、行书、草书美的典范,开创了中国书法艺术的新时代,影响了其后1000多年的书法发展史。此后历朝历代,乃至东邻日本,学书者莫不宗法"钟王"。王羲之被称为"书圣"。

他的《兰亭序》被誉为"天下第一行书"。

王羲之与其第七子王献之并称"二王"。清代乾隆帝于"养心殿"专设《三希堂》，收藏王氏家族王羲之的《快雪时晴帖》、王献之的《中秋帖》与王羲之侄子王珣的《伯远帖》。

到了南北朝时期。南朝仍继承东晋书风，崇尚帖学。北朝则碑志石刻兴盛，以北魏碑版最丰富，大多出于民间书法家。康有为说："凡魏碑，随取一家，皆足成体。尽合诸家，则为具美。"中国书法出现"北碑南帖"异彩同辉的景象。

（五）唐代——书法艺术的鼎盛时期

唐代文化博大精深、辉煌灿烂，达到了中国封建文化的最高峰。唐代经历了初唐、盛唐、中唐、晚唐四个阶段。这四个阶段文学艺术各有面貌，书法艺术同样如此。

初唐在书法上是继承与立法的阶段。唐太宗是个书法迷，上行下效，朝野形成一场轰轰烈烈的书法热潮。"初唐四大家"虞世南、欧阳询、褚遂良、薛稷为其中杰出代表，将楷书艺术臻于极致，完成了"晋尚韵"向"唐尚法"的转变，为唐代书法大发展奠定了基础。

盛唐国势极盛，书法艺术也出现"盛唐气象"。壮丽、明畅、痛快淋漓、富于幻想，成为盛唐时期共同的美学特征。诗歌上出现李白、杜甫，书法上则有颜真卿、张旭，他们雄才天纵，变法出新，以雄迈的书风，强烈表现出盛唐气，具有划时代的意义。孙过庭的《书谱》为此做了书法理论上的准备，吹响了攀登书法艺术高峰的号角。孙过庭的《书谱》，明确提出了书法当随时代的卓越论点，认为"质以代兴，妍因俗易"，艺术发展变化的审美准则是"贵能古不乖时，今不同弊"。《书谱》还特别强调书法的抒情作用，指出书法作品必须"达其情性，形其哀乐""随其性欲，便以为姿"。因此在创作中"得时不如得器，得器不如得志""思遏则手蒙，神融故笔畅"。艺术作品必须具有个性与感情，才能达到"殊姿共艳""异质同妍"的美的境界。

张旭的草书、颜真卿的楷书，在于他们以极高的造诣，完成了盛唐书法堪与诗歌"双峰并峙"媲美的盛唐气象。

张旭一生醉心于书法艺术，尤善草书，被称为"草圣"，相传他爱醉后作书，与唐代另一位草书大家怀素并称"颠张醉素"。张旭的狂草《古诗四帖》，线条粗细浓淡，蜿蜒穿插，完全是个人情感的宣泄，给人以极大的审美享受。张旭的草书，不仅代表了唐代草书最高水平，也代表了整个书法史上草书的最高水平。

颜真卿的书法用笔骨力雄强，筋肉丰实，结体方正端庄、饱满严整，创造出自己独特的风格，被后人称为"颜体"。颜体开创了雄强刚健、大气磅礴的新风格，强烈表现出盛唐的精神风貌。融篆隶笔法于楷、行、草之中，颜真卿书迹留存至今的不下六七十种。最著名的有《多宝塔》《麻姑仙坛记》《勤礼碑》。颜真卿的《祭侄稿》被称为"天下第二行书"。

张旭、颜真卿的历史意义，在于他们以极高的造诣，为后世树立了两种书法美的典型。

张旭的草书流走飞动，把内心的喜怒哀乐痛快淋漓地倾泻于笔墨之间。他那刚健圆劲的线条、奇险怪异的结体、变化无常的布局、疾风暴雨的气势，把中国特有的"线的艺术"推到了美的极境。

颜真卿的楷书，刚健浑厚、严整方正、雄阔大度，摒弃了重风韵流美、温文典雅的"二王"书风，表现出一种朴质凝重的世俗气度，建立了新的美的原则。

安史之乱之后的中唐与晚唐，唐王朝的社会风气产生巨大变化，盛唐奋发向上的气势消失，退缩为贪图奢华享乐的风气。书法艺术上则出现了柳公权精工细腻"柳体"。柳体清俊挺拔、遒美绝伦，适应了中唐追求精美奇峭、闲适绮丽的社会审美标准。柳公权楷书，是继颜真卿书法之后，对后世具有很大影响的书体，并称为"颜筋柳骨"，同享盛誉。

晚唐书法随国势衰落而风光不再，唯有杨凝式成为中流砥柱，继承二王颜柳余风，是宋代尚意书风的先驱。

（六）宋、元、明——书法艺术的停滞时期

宋、元、明是书法艺术的停滞衰落时期，衰落的原因，一是"帖学盛行"，二是"趋逐权贵"。宋太宗赵光义留意翰墨，命禁中摹刻十卷，这就是《淳化阁帖》。帖中一半是"二王"的作品。所以宋初的书法，是宗"二王"的。此后诸贴多从《淳化阁帖》翻刻。这种辗转传刻的帖，与原迹差别就会越来越大，所以帖学大行，书法反而就衰微了。这是宋代书法不景气的原因之一。

另外如米芾《书史》所指出的"趋时贵书"，也造成宋代书法每况愈下。米芾分析说："李宗锷主文既久，士子皆学其书。肥扁朴拙。以投其好，用取科第，自此惟趋时贵书矣。"至此古法不讲，以书法家的官位作为评价书法水平的标准。总之，帖学大行和以帝王的好恶，权臣的书体为转移的情势，影响和限制了宋代书法的发展。

然而也还有反潮流的文人书法家，以自己的革新精神为宋元明三代后书法增添亮色。宋、元、明三代的书法家，大致可分为两种类型：一是继承型：蔡襄、赵孟頫、祝允明、文征明、董其昌。二是创造型：苏轼、黄庭坚、米芾、徐渭。

其中以"宋四家"：苏轼、黄庭坚、米芾、蔡襄影响巨大，

苏轼是"文人画"理论的首创者，也是宋代"尚意"书风的开创者。他把文人画的理念贯彻到书法上，十分强调书法艺术的写意抒情与个性自由，他自称："我书意造本无法，点画信手烦推求。"

《黄州寒食诗》是苏轼"意造"书风的典型作品。《寒食诗》笔势纵横跌宕、结体欹侧不拘、布局疏密参差，被推为"宋人第一""天下第三行书"。

米芾曾任宋徽宗时书画学博士，人称"米南宫"。因为人怪癖痴癫，时人呼之为"米癫"。米芾恃才傲物，目空一切，他的书法力图摆脱古法影响，运笔迅疾，称自己是刷字，说"善书者只有一笔，我独有四面"，后人称之"八面出锋"。米芾以行书见长，习字勤奋，自称"平生写过麻笺十万"。现藏台北故宫博物院的《蜀素帖》，纵28.7厘米，横270.8厘米，计71行、658字，是米芾篇幅最长、字数最多的写在丝绸织品上的代表作品。

黄庭坚的突出成就是行草书，代表作有《诸上座帖》等。

元初经济文化发展缓慢，书法上崇尚复古，宗法晋、唐而少创新。元文宗时书法一度出现兴盛局面。赵孟頫、鲜于枢是这一时期书法的代表。行、草书为主流的书法，发展到了清代才得到改变。赵孟頫一生经历元朝五个皇帝，他诗文书画都很精工，艺术思想倡导复古，书法主张师法近代"二王"帖学，强调"书法以用笔为上，而结字亦须用功"。后人将他的书法称为"赵

体",与颜真卿、柳公权、欧阳询比肩,被公认为我国楷书的四大典则。

明代像宋代一样也是帖学大盛的一代。法帖传刻十分活跃。其中著名的有董其昌刻的《戏鸿堂帖》、文征明刻的《停云馆帖》、华东沙刻的《真赏斋帖》等。其中《真赏斋帖》可谓明代法帖的代表。《停云馆帖》收有从晋至明历代名家的墨宝,可谓集帖之大成。

由于士大夫清玩风气和帖学的盛行,影响书法创作,所以,整个明代书体以行楷居多,未能上溯秦汉北朝,篆、隶、八分及魏体作品几乎绝迹,而楷书皆以纤巧秀丽为美。明代书法与科举取士相联系,风行一种端正平整、规矩刻板、千人一式、万字一同的应试书体,称为"馆阁体",又叫"台阁体"。这种字既无个性,又无生气,仅是一块求仕做官的敲门砖。"馆阁体"风行也给明代书法带来厄运。

明代近300年间,虽然出现一些有造诣的书法家,但都没有重大的突破和创新。所以,近代丁文隽《书法精论》总结说:"有明一代,操觚谈艺者,率皆剽窃摹拟,无何创制。"

明代书法的代表有祝允明、文征明、董其昌。但他们的书法造诣都没有超过元代赵孟頫,"上配吴兴""比肩文敏"是后世对他们的最高赞誉。

(七)清代——书法艺术的中兴时期

清代是中国历史上最后一个封建王朝。尽管在这个王朝的中期出现了"康乾盛世"的局面,但也只是封建社会历经两千多年后的回光返照。可是在文艺上,清代是书法发展史上的又一个中兴期。

清代书法,在书法审美观上,傅山提出著名的"四宁四毋"说,即"宁拙毋巧；宁丑毋媚；宁支离，毋轻滑；宁真率，毋安排"。对晋唐以来重风韵流美、温文典雅的传统审美观念挑战，在书法美学上做了重大开拓。

在赵、董书风盛行的时代，傅山的理论具有振聋发聩的意义，是呼唤清代书法中兴的号角。清"四僧"中的石涛、八大山人以艺术实践，体现了傅山的理论。其后"扬州八怪"中的郑燮、金农更是大胆独创，另劈天地。

郑板桥创立"板桥体"，其书体融合真、草、隶、篆，而以隶书为主干，故郑燮自称"六分半体"。时人美誉为"乱玉铺阶"或"乱石铺街"。

清代文人为逃避残酷的文字狱，随着出土文物的增多，在金石考据学中寻找精神寄托。于是碑学逐渐兴起，在这个历史转折时期，包世臣、康有为的书法理论具有重大影响。包世臣《艺舟双楫》、康有为《广艺舟双楫》反流俗思潮，提倡碑学，竭力推崇阳刚之美。评析魏碑，把"魄力雄强"列为"十美"之首，把"雄强茂美"的《爨龙颜碑》列为"神品"，放在"十三宗"的开头。中国书法艺术的宝库敞开了，当时的书坛碑学盛行，帖学也未废，出现了诸如邓石如、何绍基、赵之谦、康有为、吴昌硕等一大批具有强烈个人风格、造诣很高的书法家，呈现出百花齐放的繁荣局面。

二、中国书法的艺术特征

（一）书法的笔线美

"法于何立？立于一画。一画者，众有之本，万象之根。"这是清代大画家石涛在《画语录》中一段非常精辟的记述。他认为绘画的法则，创立于"一画"。正是千万笔画才组成了无比丰富的画面，所以"一画"是一切物象的根本。书法也是如此。因此，古今任何一个书法家都把探求笔线美作为毕生孜孜以求的重要课题。

古人常说的"笔法"，就是关于写好"一画"的用笔方法。早在东汉时蔡邕就提出了"藏头护尾，力在其中"的要诀，指出了起笔要藏锋、收笔要回锋，但是中段怎样写的问题，直到晚清康有为才指出，一画要"中实"，即画的中间要丰实的意见。

什么样的笔线才符合书法艺术的审美要求呢？王羲之在《用笔赋》中提出了"藏骨抱筋，含文包质"8个字，可以说是书法笔线美的审美标准。

古代书法家习惯地将书法美类比于人体美，所以在书法理论中有"筋、骨、血、肉"的说法。健美的人体，必须是"秾纤得中，修短合度"，甚至达到"增之一分则太长，减之一分则太短"的完美境界。优秀的书法，笔线也要肥瘦得宜、骨肉亭匀。书法中的"筋骨"，常代表字的间架和点画的力度。人体靠筋骨支撑，写字首先要"立骨"。如果筋骨不立，血肉无所依附，神采、气韵也都无由表露。南齐谢赫提出"骨法用笔"作为"六法"之一，在写字时首先要有"骨力"。筋骨宜藏不宜露，所以"藏骨抱筋"是笔线的审美标准之一。人不仅要有健全的形体，还贵在具有美好的精神气质。书法也是如此，"立骨"之后，还必须血肉丰满，必须"含文包质"。所谓"文"，是指表露在外的风采神韵；所谓"质"，是指蕴藏于内的朴质精神。孔子说："文胜质则史，质胜文则野，文质彬彬，然后君子。"（《论语》）文质兼备，是笔线的另一个审美标谁。

唐代张怀瓘说的"以筋骨立形，以神情润色"，正是对"藏骨抱筋，含文包质"这条笔线审美标准的进一步解释。书法点画必须兼有"筋骨""文质"这两个方面，才能产生美的感染力。

什么样的笔线最美呢？古代书法家常常借助于类比手法。比如在晋、唐书论有"如屋漏痕""如坼""如折钗股""如印印泥""如锥画沙"等。近代黄宾虹先在阐述"用笔四法"时，也是借用这些传统审美准则，他说："用笔须平，如锥画沙；用笔须圆，如折钗股；用笔须留，如屋漏痕；用笔须重，如高山坠石。"可见这些形象比喻，既是笔线的审美准则，也是用笔的最高境界。

（二）书法的结体美

结体，也称"结字"，又叫"间架结构"。汉字是由不同形状的点画，按特定的规范形式组成复杂纷繁的字样。好像造房子一样，用砖、瓦、木、石等不同性质的材料，按建筑力学的规律，建成各式各样的房子。造房子，由于建筑师对材料的处理和配搭方法的不同，建成的房子就有不同的形式和不同的风格；而写字，则因为书法家不同的用笔，写出了不同的点画形态，并将这些点画按自己喜爱的方法配搭成字，于是就产生了不同风格的结体。可见书法的结体，既受汉字恃殊规范的组织形式的约束，又可以产生千姿百态的多样变化。这样，对结体美的探求，就成了中国书法家在用笔之外的另一个重要课题。

关于书法的结体，早在蔡邕《九势》中，就提出了一条基本原则，他说："凡落笔结字，上皆覆下，下以承上，递相掩映，立无使势背。"意思是说组成一个字的点画之间，必须要上下互相承接，左右互相掩映，顺应笔势的发展，形成一个完整的整体。这是结体美的最基本的要求。后来王羲之进一步阐述了结体的宜与忌的问题,指出"平直相似,状如算子,上下方整,前后平齐,便不是书。隋代智果著《心成颂》、唐代欧阳询有"结体三十六法"

书法结体既受汉字特殊规范的组织形式的约束,又可以产生千姿百态的多样变化。唐代孙过庭把结体美概括为一句话:"违而不犯,和而不同"。结体的种种关系,主要包含以下几个方面:(1)奇与正;(2)疏与密;(3)违与和。处理好这些相互依存、相互制约,既对立又统一的结体关系,才能创造出不同的结体美。

(三)书法的章法美

章法,即整幅字的布局方法。书法与绘画不仅在笔法上有很多共同点,在章法上也有着许多内在的联系。章法古人又称"分间布白"。古人认为,写字虽然是用笔墨写在实处,但是着眼的地方却是空白处的安排变化。掌握了用笔、结体之后,章法的安排极为重要。清人笪重光在《书筏》中指出:"精美出于挥毫,巧妙在于布白。"元代饶自然认为布白要注意上下空阔、左右疏通,即便寥寥数字,或洋洋洒洒几百字,都得通盘筹划,留有余地。因为只有这样,整篇的布白才具有内在的联系,自己的情感有所寄托与宣泄,也能为欣赏之人留出一个品味和思考的空间。空白美是相对实景美而产生的,能引起有效艺术知觉、审美联想和审美想象的心理定向。

章法主要有以下内容:(1)宾主;(2)虚实;(3)气脉连贯。

章法在表现形式上,常见的有:"纵有行,横有列""纵有行,横无列""纵无行,横无列"三种。

章法的内容还包括题款与印章。

一幅讲究章法美的书法作品,犹如一曲优美的乐曲,字里行间,时而舒缓、时而急促、时而畅通、时而停歇,能给人以极大的艺术享受。

(四)书法的意境美

意境,也称境界。应用于书论中,泛指书法的神采、气韵、笔意等内在的精神境界。《辞海》的诠释:艺术作品描绘的生活图景和表现的思想感情,融合一致而形成的一种艺术境界。能使读者通过想象和联想,如同身入其境,在思想感情上受到感染。可见意境是一种情景交融,给观者以美的感受的艺术境界。

书法意境美的内涵十分丰富。其一是"迁想妙得",这是东晋画家顾恺之提出的具有普遍意义的创作规律。书法同绘画一样,也要强调向自然学习,获得启示,从而创作出书法艺术形象。唐代张旭的草书,达到了"变动犹鬼神,不可端倪"的艺术境界。

其二是"达其性情,形其哀乐"。书法是一种抒情达意的艺术。在书法理论中,关于书法的抒情因素,汉代扬雄在《法言·问神》中说:"言,心声;书,心画也。"后来的蔡邕在《笔论》中也论述:"书者,散也。欲书先散怀抱,任情恣性,然后书之,若迫于事,虽中山兔毫,不能佳也。"所以书法的境界,实际是书法家在作书者思想感情的境界。

书法既可以激情迸发地宣泄情感,也可以简淡玄远地寄寓心境,据书史记载,唐代草圣张旭往往醉后疾书狂草,有"张旭三杯草圣传,脱帽落顶王公前,挥毫落纸如云烟"的酣畅淋漓之快意。同样,晋王羲之的行草书,流露其飘逸脱俗的风情。而董其昌书法,则追求淡泊优雅。

其三"功夫在书外"。"书品即人品",也就是说书法是书法家人格品质和情感状态的外显。所以书法作品的意境,常取决于书法家的立意与审美情趣。除了精练笔法,还要丰富阅历,加强人品和学问修养。古人对此多有论述。关于人品,唐柳公权说"心正则笔正"、清傅山认为"作字先作人,人奇字自古";关于学问,宋苏轼说"退笔如山未足珍,读书万卷始通神";关于阅历,古人常称要"行万里路""晓天下理"。唯其如此,才能使书法作品焕发神才蕴藉、动人心魄的艺术魅力。

第四节 中国戏曲

一、中国戏曲概述

中国戏曲主要是由民间歌舞、说唱和滑稽戏三种不同艺术形式综合而成。它起源于原始歌舞,是一种历史悠久的综合舞台艺术样式。经过汉、唐,到宋、金才形成比较完整的戏曲艺术,它由文学、音乐、舞蹈、美术、武术、杂技以及表演艺术综合而成,有360多个种类。它的特点是将众多艺术形式以一种标准聚合在一起,在共同具有的性质中体现其各自的个性。中国的戏曲与希腊悲剧和喜剧、印度梵剧并称为世界三大古老的戏剧文化,经过长期的发展演变,逐步形成了以"京剧、越剧、黄梅戏、评剧、豫剧"五大戏曲剧种为核心的中华戏曲百花苑。中国戏曲剧种种类繁多,据不完全统计,中国各民族地区地戏曲剧种约有360多种,传统剧目数以万计。其他比较著名的戏曲种类有昆曲、坠子戏、粤剧、淮剧、川剧、秦腔、沪剧、晋剧、汉剧、河北梆子、河南越调、河南坠子、湘剧、湖南花鼓戏等。

历史上最先使用戏曲这个名词的是宋刘埙（1240—1319），他在《词人吴用章传》中提出"永嘉戏曲"，他所说的"永嘉戏曲"，就是后人所说的"南戏""戏文""永嘉杂剧"。从近代王国维开始，才把"戏曲"用来作为中国传统戏剧文化的通称。戏曲是中国传统艺术之一，剧种繁多有趣，表演形式载歌载舞，有说有唱、有文有武，集"唱、做、念、打"于一体，在世界戏剧史上独树一帜，其主要特点，以集古典戏曲艺术大成的京剧为例，一是男扮女（越剧中则常见为女扮男）；二是划分生、旦、净、丑四大行当；三是有夸张性的化装艺术——脸谱；四是"行头"（戏曲服装和道具）有基本固定的式样和规格；五是利用"程式"进行表演。中国民族戏曲，从先秦的"俳优"、汉代的"百戏"、唐代的"参军戏"、宋代的杂剧、南宋的南戏、元代的杂剧，直到清代地方戏曲空前繁荣和京剧的形成。

（一）中国戏曲的发展历程

先秦（萌芽期）。在原始社会，氏族聚居的村落产生原始歌舞，并随着氏族的逐渐壮大，歌舞也逐渐发展与提高。如在许多古老的农村，还保持着源远流长的歌舞传统，如"傩戏"；同时，一些新的歌舞如"社火""秧歌"等适应人民的精神需求而诞生。正是这些歌舞演出，造就一批又一批技艺娴熟的民间艺人，并向着戏曲的方向一点点迈进。《诗经》里的"颂"、《楚辞》里的"九歌"，就是祭神时歌舞的唱词。从春秋战国到汉代，在娱神的歌舞中逐渐演变出娱人的歌舞。从汉魏到中唐，又先后出现了以竞技为主的"角抵"（百戏）、以问答方式表演的"参军戏"和扮演生活小故事的歌舞

"踏摇娘"等，这些都是萌芽状态的戏剧。

唐代中后期（形成期）。中唐以后，中国戏剧飞跃发展，戏剧艺术逐渐形成。唐代文学艺术的繁荣，是经济高度发展的结果，促进了戏曲艺术的自立门户，并给戏曲艺术以丰富的营养，诗歌的声律和叙事诗的成熟给了戏曲决定性影响。音乐舞蹈的昌盛，为戏曲提供了最雄厚的表演、唱腔的基础。教坊梨园的专业性研究，正规化训练，提高了艺人们的艺术水平，使歌舞戏剧化历程加快，产生了一批用歌舞演故事的戏曲剧目。

宋金（发展期）。宋代的"杂剧"，金代的"院本"和讲唱形式的"诸宫调"，从乐曲、结构到内容，都为元代杂剧打下了基础。

元代（成熟期）。到了元代，"杂剧"就在原有基础上大大发展，成为一种新型的戏剧。它具备了戏剧的基本特点，标志着中国戏剧进入成熟的阶段。12世纪中期到13世纪初，逐渐产生了职业艺术和商业性的演出团体及反映市民生活和观点的元杂剧和金院本，如关汉卿创作的《窦娥冤》、马致远的《汉宫秋》及《赵氏孤儿大报仇》等作品。这个时期是戏曲舞台的繁荣时期。

元杂剧不仅是一种成熟的高级戏剧形态，还因其最富于时代特色，最具有艺术独创性，而被视为一代文学的主流。元杂剧最初以大都（今北京）为中心，流行于北方。元灭南宋后，发展成为全国性的剧种。元代的剧坛，群星璀璨、名作如云。

元杂剧得以呈一代之盛，艺术发展和社会现实从两方面提供了契机。从艺术的自身发展来看，戏剧经过漫长的孕育和迟缓的流程，已经有了厚实的积累，在内部结构和外在表现上都达到了成熟。恰恰此时的传统诗文，在经历了唐宋鼎盛与辉煌之后，走向衰微。在有才华的艺术家眼里，剧坛艺苑是一块等待他们去耕耘的新土地。

元杂剧的剧本体制，绝大多数是由"四折一楔"构成。四折，是四个情节的段落，像做文章讲究起承传合一样。楔子的篇幅短小，通常放在第一折之前，这有点类似于后来的"序幕"。元杂剧在艺术上是以歌唱为主、结合说白表演的形式。每一折由同一宫调的若干支曲子联成一个套曲。全套只押一个韵，由扮演男主角的正末或扮演女主角的正旦演唱。这种"一人主唱"可以极大地发挥歌唱艺术的特长，酣畅淋漓地塑造主要人物形象。念白部分受参军戏传统的影响，常常插科打诨，富于幽默趣味。将音乐结构与戏剧结构统一起来，达到体制上的规整，这表明元杂剧的艺术成熟和完善。

明清（繁荣期）。戏曲到了明代，传奇发展起来了。明代传奇的前身是宋元时代的南戏（南戏是南曲戏文的简称，它是在宋代杂剧的基础上，与南方地区曲调结合而发展起来的一种新兴的戏剧形式。温州是它的发祥地）。南戏在体制上与北杂剧不同：它不受四折的限制，经过文人的加工和提高，这种本来不够严整的短小戏曲，终于变成相当完整的长篇剧作。例如，高明的《琵琶记》就是一部由南戏向传奇过渡的作品。这部作品的题材，来源于民间传说，比较完整地表现了一个故事，并且有一定的戏剧性，曾被誉为"南戏中兴之祖"。

明代中叶，传奇作家和剧本大量涌现，其中成就最大的是汤显祖。他一生写了许多传奇剧本，《牡丹亭》是他的代表作。这一点，在当时封建礼教牢固统治的社会里，是有深远的社会意义的。这个剧作问世300年来，一直受到读者和观众的喜爱，直到今天，"闺塾""惊梦"等片段还活跃在戏曲表演的舞台上。16世纪明朝中叶，江南兴起了昆腔，涌现了《十五贯》《占花魁》等戏曲剧目。这一时期受农民欢迎的戏是产生于安徽、江西的弋阳腔，昆腔受封建上层人士的欢迎。

明后期的舞台，开始流行以演折子戏为主的风尚。所谓折子戏，是指从有头有尾的全本传奇剧目中摘选出来的出目。它只是全剧中相对独立的一些片段，但是在这些片段里，场面精彩，唱做俱佳。折子戏的脱颖而出，是戏剧表演艺术强劲发展的结果，又是时间与舞台淘洗的必然。观众在熟悉剧情之后，便可尽情地欣赏折子戏的表演技艺了。《牡丹亭》中的"游园""惊梦"，《拜月亭记》中的"踏伞""拜月"，《玉簪记》中的"琴挑""追舟"等众多的折子戏，已成为观众爱看、耐看的精品。

明末清初的作品多是写人民群众心中的英雄，如穆桂英、陶三春、赵匡胤等。这时的地方戏，主要有北方梆子和南方的皮黄。京剧是在清代地方戏高度繁荣的基础上产生的。在同治、光绪年间，出现了名列"同光十三绝"的第一代京剧表演艺术家及不同流派的宗师，标志着京剧艺术的成熟与兴盛。不久京剧向全国发展，特别是在上海、天津，京剧成为具有广泛影响的剧种，将中国的戏曲艺术推进到一个新的高度。

（二）中国戏曲的艺术特色

综合性、虚拟性、程式性，是中国戏曲的主要艺术特征。这些特征凝聚着中国传统文化的美学思想精髓，构成了独特的戏剧观，使中国戏曲在世界戏曲文化的大舞台上闪耀着它的独特的艺术光辉。

综合性。中国戏曲是一种高度综合的民族艺术。这种综合性不仅表现在它融汇各个艺术门类（诸如舞蹈、杂技等）而出以新意方面，而且还体现在它精湛深厚的表演艺术上。各种不同的艺术因素与表演艺术紧密结合，通过演员的表演实现戏曲的全部功能。其中，唱、念、做、打在演员身上的有机构成，便是戏曲的综合性的最集中、最突出的体现。唱，指唱腔技法，讲究"字正腔圆"；念，即念白，是朗诵技法，要求严格，所谓"千斤话白四两唱"；做，指做功，是身段和表情技法；打，指表演中的武打动作，是在中国传统武术基础上形成的舞蹈化武术技巧组合。这四种表演技法有时相互衔接，有时相互交叉，构成方式视剧情需要而定，但都统一为综合整体，体现出和谐之美，充满着音乐精神（节奏感）。中国戏曲是以唱、念、做、打的综合表演为中心的富有形式美的戏剧形式。

程式性。程式是戏曲反映生活的表现形式。它是指对生活动作的规范化、舞蹈化表演并被重复使用。程式直接或间接来源于生活，但它又是按照一定的规范对生活经过提炼、概括、美化而形成的。此中凝聚着古往今来艺术家们的心血，它又成为新一代演员进行艺术再创造的起点，因而戏曲表演艺术才得以代代相传。戏曲表演中的关门、推窗、上马、登舟、上楼，等等，皆有固定的格式。除了表演程式外，戏曲从剧本形式、角色当行、音乐唱腔、化妆服装等各个方面，都有一定的程式。优秀的艺术家能够突破程式的某些局限，创造出自己具有个性化的规范艺术。程式是一种美的典范。

中国戏曲是以唱、念、做、打的综合表演为中心的戏剧形式，它有丰富的艺术表现手段，它与表演艺术紧密结合的综合性，使中国戏曲富有特殊的魅力。它把曲词、音乐、美术、表演的美熔铸为一，用节奏统驭在一个戏里，达到和谐的统一，充分调动了各种艺术手段的感染力，形成中国独有的节奏鲜明的表演艺术。

中国戏曲中最重要的一个特征是虚拟性。舞台艺术不是单纯模仿生活，而是对生活原形进行选择、提炼、夸张和美化，把观众直接带入艺术的殿堂。

中国戏曲的另一个艺术特征，是它的程式性，如关门、上马、坐船等，都有一套固定的程式。程式在戏曲中既有规范性又有灵活性，所以戏曲艺术被恰当地称为有规则的自由动作。

虚拟性。虚拟是戏曲反映生活的基本手法。它是指以演员的表演，用一种变形的方式来比拟现实环境或对象，借以表现生活。中国戏曲的虚拟性首先表现为对舞台时间和空间处理的灵活性方面，所谓"三五步行遍天下，六七人百万雄兵""顷刻间千秋事业，方丈地万里江山""眨眼间数年光阴，寸炷香千秋万代"这就突破了西方歌剧的"三一律"与"第四堵墙"的局限。其次是在具体的舞台气氛调度和演员对某些生活动作的模拟方面，诸如刮风下雨、船行马步、穿针引线等，更集中、更鲜明地体现出戏曲虚拟性特色。戏曲脸谱也是一种虚拟方式。中国戏曲的虚拟性，既是戏曲舞台简陋、舞美技术落后的局限性带来的结果，也是追求神似、以形写神的民族传统美学思想积淀的产物。这是一种美的创造。它极大地解放了作家、舞台艺术家的创造力和观众的艺术想象力，从而使戏曲的审美价值获得了极大的提高。

二、戏曲艺术品貌

（一）以歌舞演故事

一般来说，古代各个民族在前艺术阶段，各种艺术因素的萌芽是综合在一起的。到艺术阶段，欧洲各艺术种类趋于逐渐分化。譬如在古希腊时代的欧洲戏剧是有歌有舞的，后来经过索福克勒斯、欧里庇得斯等人的改革，歌（舞）队渐渐失去作用，成为以对话、动作为手段的单纯戏剧。这种戏剧由诗的对话，演变为完全模仿生活语言的对话，由诗剧转化为话剧。而歌、舞分化出去，以歌剧、舞剧的形式在整个戏剧领域各占一席之地。

中国戏曲始终趋于歌、舞、剧三者的综合。从秦汉俳优作为中国戏曲早期渊源起，中间经历汉代百戏，唐代参军戏，直至宋代南戏、元代杂剧，这是一门艺术由简单到复杂、由低级向高级的发展过程。在这个过程中，为了能把五光十色的人间生活都铺展于小小的舞台上，也为了使平素过着单调枯燥日子的百姓能在观剧时感受到种种意想不到的精神刺激，它不断地吸收其它姐妹艺术，如诗歌、音乐、舞蹈、绘图、说唱、杂技、武术等诸多营养，逐渐成为一种包容广泛、花样繁多得令人目不暇接的综合性艺术。换句话说，中国戏曲是在文学（民间说唱）、音乐、舞蹈各种艺术成份都充分发展、且又相互兼容的基础上，才形成了以对话、动作为表现特征的戏剧样式。

（二）远离生活之法

中国戏曲的对话是音乐性的、动作是舞蹈性的，而歌和舞的本身，就决定了它的外在形式要远离生活生活，使之具有节奏、韵律、整洁、和谐之美。中国戏曲艺术比一般的歌舞还要远离生活。表演者的化妆服饰、动作语言颇有"矫情镇物，装腔作势"之感，而这样做是为了把普通的语言、日常的动作、平淡的感情强化、美化、艺术化。为此，中国的戏剧艺术家长期揣摩说白、咏歌、舞蹈（身段）、武打的表现技巧和功能，呕心沥血、乐此不疲。久而久之，他们创造、总结、积累了一系列具有夸饰性、表现性、规范性和固定性的程序动作。任何一个演员走上中国戏曲舞台，他要表演"笑"的话，就必须按照极具夸张、表现性且又被规范固定了的"笑"的程序动作去做"笑"的表演。即使在今天，也仍如此。远离生活形态的戏曲，依旧是以生活为艺术源泉的。由于中国戏剧家对生活既勤于观察，又精于提炼，因此能精确又微妙地刻画出人物的外形和神韵，做到神形兼备。

脸谱、蟒袍、帽翅、翎子、水袖、长胡子、厚底靴、兰花手以及奇奇怪怪的兵器、道具，也无不是凝固为程式的东西。它们都以动人的装饰美、色彩美、造型美、韵律美，有效地增强了演出的艺术吸引力，赢得中国观众的认可与喜爱。

中国戏曲艺术连一颦一笑都要远离自然形态之原因可能是很多的，但这门艺术的大众娱乐性、商业性和戏班（剧团）物质经济条件的薄弱，显然是一个重要的促进因素。在古代中国，戏曲演出常在广场、寺庙、草台或院坝，而在乡镇农村，又多是剧场与市场的合一。成千上万的观众聚拢，如潮的人声夹着摊肆的嘈杂。处在这样的条件与环境下，艺人们为了不让戏剧淹没在喧嚣之中，不得不苦心孤诣地寻求突出自己存在和影响的有效手段。正是这个顽强地表现自我、扩张自我的出发点，使他们摸索出以远离生活之法来表现生活的艺术规则：高亢悠扬的唱腔配以敲击有力的锣鼓，镶金绣银的戏衣衬着勾红抹绿的脸谱，火爆激烈的武打，如浪花翻滚的长髯……这一法则的实践结果，已不止是造成赏心悦目、勾魂摄魄的审美效应。更为重要的是，舞蹈表演的程式规范化，音乐节奏的板式韵律化，舞台美术、人物化妆造型的图案装饰化，连同剧本节学的诗词格律化，共同构成了中国戏曲和谐严谨、气韵生动、富于高度美感的文化品格。

（三）超脱的时空形态

既然承认戏就是戏，那么中国戏曲舞台上讲究的就是真真假假、虚虚实实的"逢场做戏"，十分鲜明地标举戏剧的假定性。而这与西方戏剧一贯采用的幻觉性舞台艺术处理原则，非但不同，且完全相反。在西方人们走进剧场，自大幕拉开的那一刻，戏剧家就要千方百计地运用一切可能的舞台手段，去制造现实生活的幻觉，让观众忘记自己在看戏，而是像身临其境般沉浸在舞台上创造出来的生活环境与气氛之中。为此，西方的戏剧家将舞台当作相对固定的空间。绘画性和造型性地布景，创造出戏剧需要的规定情景。人物间的一切纠葛都放到这个特定场景中来表现、发展和解决。在同一场景里，情节的延续时间和观众感到的实际演出时间亦大体一致。这就是西方戏剧舞台的时空观，其理论依据是亚里斯多德的摹仿说，它的支撑点是要求艺术真实地反映生活。

在中国，戏剧家不依靠舞台技术创造现实生活的幻觉，不问舞台空间的使用是否合乎生活的尺度，也不要求情节时间和演出时间的大体一致。中国戏曲舞台是一个基本不用布景装置的舞台。舞台环境的确立，是以人物的活动为依归，即有人物的活动，才有一定的环境；没有人物的活动，舞台不过是一个抽象的空间。中国戏曲舞台上的时间形态，也不是相对固定。它极超脱、流动，或者说是很"弹性"的。要长就长，要短就短。长与短，完全由内容的需要来决定。

中国戏曲这种极其超脱灵动的时空形态，是依靠表演艺术创造出舞台上所需的一切。剧本中提示的空间和时间，是随着演员的表演所创造的特定戏剧情景而产生，并取得观众的认可。

中国戏曲的超然时空形态，除了靠虚拟性的表现方法之外，还与连续性的上下场结构形式相关。演员的一个上、下场，角色在舞台上的进进出出，实现着戏剧环境的转换并推动着剧情的发展。比如在京剧《杨门女将》里，紧锣密鼓中，扎靠持枪的穆桂英从上场门英气勃发而来，舞台就是校兵场，她这时已是在校场操练兵马，然后再从下场门回到营房。中国戏曲这种上下场形式，结合着演员的唱、念、做、打等技术手段，配以音乐伴奏，有效地表现舞台时间、空间的更替和气氛的变化，使舞台呈现如一幅流动着的画卷。在一场戏里，通过人物的的活动，也可以从一个环境迅速而轻松地转入另一个环境。只要人物摇摇马鞭，说句"人行千里路，马过万重山"，中国观众立即就会明白他走了千里路途，从一个地方来到了另一个地方。

（四）虚拟手法（舞台结构之核心）

中国戏剧超然灵活的时空形态是依靠表演艺术创造的，是由于中国戏曲艺术有着一整套虚拟性的表现方法。这是最核心的成因。

一个戏曲演员在没有任何布景、道具的情况下，凭借着他（她）描摹客观景物形象的细致动作，能使观众了解他（她）扮演的这个角色当时所处的周围环境。如淮剧《太阳花》燕坪报警一折里，运用鹞子翻身程式，使观众了解燕坪为报警的心中紧迫感，以及翻越崇山峻岭的内容，还能使观众了解他（她）真的在干些什么。再如淮剧《柜中缘》中的玉莲在缕线、挽绊、穿针、引线、刺绣，都能通过微妙的虚拟式，让观众一目了然知道她在想什么做什么。——所以，这种表演的虚拟性，不单单是用自己的动作虚拟某种客观物象，而且还要借这种状物绘景，来表现处在这种特定环境中人物的心理情绪。从这个意义上讲，虚拟方法又起着把写景写情融为一体的积极作用。中国戏曲的虚拟性给剧作家和演员以极大的艺术表现自由，拓宽了戏剧表现生活的领域。在有限舞台上演员运用高超的演技，可以把观众带入江流险峰、军营山寨、行舟坐轿、登山探海等多种多样的生活联想中去，在观众的想象中共同完成艺术创造的任务。这恐怕就是何以在一无所有的舞台上，中国戏曲得以再现五彩缤纷的场景和千姿百态的人生的原因了。

需要说明的是，虚拟手法的确使一座死板的舞台变得来去自由，但这种自由决非不受任何制约，它还是有所制约。这就是要受艺术必须真实地反映生活这个基本规律的制约。因此，舞台的虚拟性必须和表演的真实感结合起来才行。比如：在"趟马"（一套骑马的虚拟动作）中"马"是虚的，但马鞭是实的。演员扬鞭、打马的动作必须准确且严谨，符合生活的客观逻辑（如《蓝齐格格》中的趟马）。高度发扬戏剧的假定性，与此同时又极其追求摹拟生活形态的真实性，达到虚拟与实感相结合。尤其是出色的演员在表演中往往能将两者结合得天衣无缝、流畅自然，让富于生活经验的观众一看便懂。

三、走近中国戏曲

（一）戏曲中的行当

扮演剧中人物分角色行当，是中国戏曲特有的表演体制。从内容上说，行当是戏曲人物艺术化、规范化的形象类型。从形式上看，行当又是有着性格色彩的表演程式的分类系统。这种表演体制是戏曲的程式性在人物形象创造上的集中反映。每个行当，都是一个形象系统，同时也是一个相应的表演程式系统。生、旦、净、丑各个行当都有各自的形象内涵和一套不同的程式和规制；每个行当都具有鲜明的造型表现力和形式美。

生。老生，生行的一支。因多挂髯口（胡须），又名须生。扮演中年或老年男子，多为性格正直刚毅的正面人物，重唱功，用真声，念韵白；动作造型庄重、端方。

小生，生行的一支，与老生相对应，小生扮演青年男性，不戴胡须。高腔和地方小戏系统剧种多用真声演唱。昆曲和皮簧系统剧种多以假声为主、真假声结合。

武生扮演擅长武艺的青壮年男子，其中分长靠武生、短打武生两类。长靠武生以装扮上"扎"靠，戴盔，穿厚底靴子而得名。扮演大将，一般使用长柄武器。表演要求功架优美、稳重、沉着，具有大将风度和英雄气魄。念白讲究吐字清晰、峭拔有力，重腰腿功和武打。短打武生以常用短兵器，表演以动作轻捷矫健、跌扑翻打的勇猛炽烈见长。舞蹈身段要求漂、帅、脆，干净利索。武生也兼演部分武净戏。

旦。正旦旦行的一支。原为北杂剧行当名，泛指旦行中主角。在近代戏曲中的正旦已成概括一定类型的独立行当，主要扮演娴静庄重的青年、中年妇女。重唱功，多用韵白。因常穿青素褶子，故又名"青衣"。

花旦旦行的一支。多扮演性格明快或活泼放荡的青年女性。表演常带喜剧色彩，重做功和念白。

武旦，旦行的一支。扮演擅长武艺的女性，按扮演人物的身份和技术特点，又分刀马旦和武旦两种类型。刀马旦多扎靠，骑马，持长兵器，表演重身段、工架、念白。

老旦，旦行的一支。扮演老年妇女。唱念用本嗓，唱腔虽与老生相近，但具有女性婉转迂回的韵味。多重唱功，兼重做功。有些剧种称老旦为夫旦或婆旦。

彩旦，旦行的一支，又叫"丑旦""丑婆子"，扮演滑稽或奸刁的女性人物。表演富于喜剧、闹剧色彩，实属女丑，故常由丑行兼扮。有的剧种称"摇旦"。

净。大花脸的一支，也叫正净、大面。扮演剧中地位较高，举止稳重的人物，多为朝廷重臣，故造型上以气度恢宏取胜。表演上重唱功，唱念及做派要求雄浑、凝重。

二花脸，净行的一支，又称副净、架子花脸、二面。大都扮演勇猛豪爽的正面人物。以做功为主，重身段工架，唱念中有时夹用炸音，以点染特定人物的威势和性格上的刚烈。一些勾白脸的奸臣，也属二花脸范围。武二花净行的一支，也叫摔打花脸、武净。以跌扑摔打为主，不重唱、念。

油花脸俗称毛净。多用垫胸、假臀等塑型扎扮（叫作扎扮），以形象奇特笨重、舞蹈身段粗犷而妩媚多姿为其特点，有时用喷火、耍牙等特技。有名的鬼魂形象钟馗，在中国戏曲舞台上就是扎扮造型，非常独特。

丑，文丑丑行的一个支系。包括人物类型极广，除武夫外各种丑角均由文丑扮演。

武丑，丑行的一支，俗称开口跳。扮演机警幽默、武艺高超的人物，念白口齿伶俐，吐字清晰真切，语调清脆，动作轻巧敏捷、矫健有力，擅长翻、跳、扑、跌等武功。

（二）戏曲脸谱

一般来说，"生""旦"的化妆，是略施脂粉以达到美化的效果，这种化妆称为"俊扮"。"生""旦"行角色的面部化妆，无论多少人物，面部化妆都差不多。"生""旦"人物个性主要靠表演及服装等方面表现。

脸谱化妆，主要是用于"净""丑"行当的各种人物，以夸张强烈的色彩和变幻无穷的线条来改变演员的本来面目，与"素面"的"生""旦"化妆形成对比。"净""丑"角色的勾脸是因人设谱，一人一谱，尽管它是由程式化的各种谱式组成，但是一种性格妆，直接表现人物个性，有多少"净""丑"角色，就有多少谱样，不相雷同。

戏曲脸谱的变形大胆而夸张，但是，这种大胆和夸张，又不是随便涂抹而成的，是有一定的规律和方法的。脸谱艺术非常讲究章法，将点、线、色、形有规律地组织成装饰性的图案造型，由此也就产生了戏曲脸谱各种各样的格式与规则，也就是形成了一定的程式。

一般来说，"生""旦"的化妆，是略施脂粉以达到美化的效果，这种化妆称为"俊扮"。"生""旦"行角色的面部化妆，无论多少人物，面部化妆都差不多。"生""旦"人物个性，主要靠表演及服装等方面表现。

谱式分类。谱式分类是从脸谱的构图来分类。一般可以分为以下一些基本类型：整脸：脸部的化妆颜色基本上是一个色调，只是在眉、眼部位有变化，构图简单。如《铡美案》中的包拯为黑整脸、《战长沙》中的关羽是红整脸，《赤壁之战》的曹操为白整脸。三块瓦脸：也称三块窝脸，最基本的谱式。以一种颜色作底色，用黑色勾画眉、眼、鼻三窝，分割成脑门和左右两颊三大块，形状像三块瓦一样，如晁盖、马谡、关胜等。花三块瓦脸：也称花三块窝脸，在三块瓦脸的基础上，增添了许多纹样，将眉窝、眼窝、鼻窝的纹路勾画得较复杂，如窦尔墩、典韦、曹洪等。十字门脸：从额顶到鼻尖画一通天立柱纹，两眼窝之间以横线相连，立柱纹与横线交差形成十字形，故命名"十字门脸"。如《草桥关》中的姚期、汉津口中的张飞等。六分脸：脑门上的立柱纹与眼部以下部位均画成一种颜色，脑门上立柱纹以外的颜色占全脸十分之四，眼部以下的颜色占全脸十分之六，上下形成四六分的形式，故称"六分脸"，如《群英会》中的黄盖等，《将相和》中的廉颇等。碎脸：由"花三块瓦脸"演变而来，比"花三块瓦脸"更花哨。构图形式多样，色彩种类丰富，线条复杂而细碎，如《取洛阳》中的马武、《金沙滩》中的杨七郎等。歪脸：构图、色彩不对称，给人以歪斜之感，如《打龙棚》中的郑子明（郑恩）、《落马湖》中的于亮等。元宝脸：脑门和脸膛的色彩不一，其形如元宝，故叫"元宝脸"，如徐盛、麻叔谋等。

  僧道脸包括"僧脸"和"道士脸"。"僧脸"又名"和尚脸"，一般勾大圆形眼、花鼻窝、花嘴岔，脑门上勾一个红色舍利珠圆光，或九个点，表示入了佛门。色彩分白、红、黄、蓝等色，以白色为多见，如鲁智深、杨延德（杨五郎）等。

  太监脸专用来表现那些擅权害人的宦官。尖眉子示其奸诈；菜刀眼窝暗寓其鱼肉百姓；光嘴岔下撇，以突出其谲诈残忍的性格；脑门勾个圆光，以示阉割净身，自诩为佛门弟子；脑门和两颊的胖纹，表现养尊处优、脑满肠肥的神态。色彩多用白、红两种，如刘瑾、伊立等。

  神怪脸用于表现神、佛及鬼怪的面貌，主要用金、银色，表示虚幻之感，如二郎神杨戬、牛魔王等。

象形脸将鸟兽整体或局部特征图案化后勾画于脸上，如孙悟空、白虎等。

丑角脸丑又称"小花脸""三花脸"。其特点是人物脸面中心一块白，形状如豆腐块、桃形、枣花形、腰子形、菊花形等，如《群英会》中的将干、《女起解》中的崇光道、《连环套》中的朱光祖等。

以上是脸谱整体谱式的大体分类，还可以分得更细、更多，但大体上都可以归入以上某一类。如小妖脸表现的是神话戏中的天将、小妖等角色，其基本形式是象形脸，又可归入神怪脸，因此就不必再分类了。

谱色分类。一般情况下，脸谱的脑门和两颊部位的颜色构成脸谱的主色，谱色分类就是按照脸谱的主色来分类。

谱色有相对固定的象征意义和特殊寓意，表现人物的基本性格特征。这是在长期的戏曲演出中，观演之间互动对话、约定俗成的结果。

红脸：表示忠勇耿直，有血性的勇烈人物。如关羽、赵匡胤、姜维等。但也有例外，如《法门寺》中反面人物刘瑾就勾红脸，这里有讽刺之意，使人一看便知是个擅权的太监。

粉红脸：表示年迈气衰、德高望重的忠勇老将，如廉颇、袁绍等。

紫脸：表示刚毅威武、稳重沉着的人物，如常遇春、樊哙等。

黄脸：表示武将骁勇善战、残暴，如典韦、宇文成都等。表示文士内有心计，如姬僚等。

蓝脸：表示刚直勇猛、桀骜不驯的人物，如窦尔墩、夏侯惇等。

绿脸：表示侠骨义肠、性格暴躁的人物，如程咬金、青面虎等。

黑脸：表示忠耿正直、铁面无私，或粗率莽撞的人物，如包拯、张飞、夏侯渊等。

白脸：又分水白脸和油白脸。水白脸表示阴险奸诈、善用心计，如曹操、赵高、严嵩等。白脸多用于反面人物，但也有例外，如鲁智深、杨延德（杨五郎）等。

瓦灰色脸：表示老年枭雄。

金银脸：一般用于神、佛、鬼怪，象征虚幻之感，如二郎神、金翅鸟等。也用于一些英勇无敌的将帅或番邦将帅。如李元霸、金兀术等。

（三）戏曲音乐

戏曲音乐是中国民族民间音乐的一种体裁。它是戏曲艺术中表现人物思想感情、刻画人物性格、烘托舞台气氛的重要艺术手段之一，也是区别不同剧种的重要标志。它来源于民歌、曲艺、舞蹈、器乐等多种音乐成分，是中国民族民间音乐的重要组成部分。这种戏剧音乐有自己特有的结构形式、表现手法、艺术技巧，具有强烈的民族艺术风格。从音乐的角度看，戏曲属于中国人的音乐戏剧。它与西方歌剧及其作曲家个人专业创作的音乐传统有明显的区别。

中国戏曲音乐具有民间性和程式性的特点。

中国戏曲音乐在本质上属于民间音乐。戏曲音乐的创作，仍然具有民间创作的性质，在很大程度上保留着民间音乐的若干特征。第一，戏曲音乐植根于民间，有深厚的群众基础。它与各地的方言语音、各地的民歌及说唱音乐有极为密切的联系。第二，各个剧种的音乐，都不是由某一作曲家个人创作出来的，而是民间行乐长期发展的产物，是世世代代集体创作的成果，凝聚着世代人民的艺术智慧。第三，历史上的戏曲音乐通过口头传唱而不断衍变。由于每个人条件不同，方言语音不同，口头传唱的腔调就会发生若干变化。这种可变性，使得同一支腔调演变为风格或地域语音不同的腔调；同一剧种中的唱腔，又可形成不同特色的流派。传统的戏曲音乐，便是按照民间音乐的这种衍变方式，不断发展变化。第四，历史上的戏曲音乐创作，演唱（奏）家同时也就是作曲家，演唱（奏）的过程也即作曲过程。换句话说，即作曲的过程与演唱（奏）的过程，两者合而为一。因此，戏曲演唱或演奏中处理唱腔或乐曲的方法与技巧，往往包含着作曲法在内。以上民间性的特点，几乎存在于所有声腔、剧种之中，包括少数民族戏曲剧种。只有昆腔，这唯一的一个，是出自民间而后过魏良辅（生卒年不详）等革新，以文人清曲唱加以规范化了的，由文人、曲家定腔定谱的剧种。但它也不同于西方歌剧及其作曲。在艺人的演唱中，仍然有着一定的灵活性，有着地方化的衍变。

戏曲音乐的另一特征，是它的程式性。戏曲音乐的程式，大到贯串戏剧演出的音乐结构、唱腔体制（唱南北曲的曲牌体或唱乱弹诸调的板腔体）的形式，小到曲牌、板太唱腔、锣鼓点等的结构、技术及其运用，无所不在，非常丰富。任何剧目的唱、念、做、打，都离不开音乐程式的组合与运用。这种创作方式，不是抛开传统，而是在传统表现形式与手段的基础上，实现新的综合、新的创造。程式的运用有一定的法则。不同的声腔、剧种，往往有各自不同的音乐程式。基于音乐的逻辑性，对程式的要求是严格的，但严格规范的程式在具体运用时又可以灵活自由地掌握。在长期的实践中证明了戏曲音乐程式的表现功能，是进行戏曲舞台形象创造的重要手段。中国戏曲音乐团以其民间性与程式性而表现出自己独特的专业水平、民族特色与美学意义。这种特点，直至今日，仍然保留在戏曲音乐的创作之中。

戏曲音乐包括声乐和器乐两大部分，声乐部分主要是唱腔和念白，它是戏曲音乐的主体。

在戏曲音乐结构中，声乐部分是它的主体。中国传统美学思想认为人声歌唱比器乐伴奏更为亲切动人，更易唤起观众的理解与共鸣。其原因在于乐器所奏出的音乐，虽然也能传情，却不能表意。戏曲音乐刻画人物形象，主体依靠声乐，即优美的唱腔与动人的演唱。戏曲中无论演唱的是曲牌还是板腔，都可以分为抒情性唱腔、叙事性唱腔和戏剧性唱腔。抒情性唱腔的特点是字少声多、旋律性强，长于抒发内在的感情；叙事性唱腔的特点为字多声少、朗诵性强，适用于叙述、对答的场合；戏剧性唱腔多为节拍自由的散板，节奏的伸缩有极大灵活性，因而长于表现激昂强烈的感情。这三类曲调的交替运用，构成了戏曲音乐变化多端的戏剧性。中国戏曲有很多传统剧目，其之所以能在舞台上久唱不衰，主要得力于其中脍炙人口的唱腔。

（四）戏曲唱腔

戏曲演唱艺术，在长期发展中也形成了自己的独特风格与专业技巧。在演唱上注重字与声、声与情之间的关系。清晰准确地表达字音与词义，是唱功的第一要求，由此产生了一系列的演唱方法与技巧。演唱一般包括发声、吐字、用气、装饰唱法等。其目的在于表达戏剧中人物的思想感情。唱出曲情，以情动人，才是演唱艺术最高的审美标准。戏曲众多的演员，在演唱上的贡献，莫过于唱腔上的流派创造。演员和乐师在本剧种腔调基础上创造的流派唱腔，更具有音乐作曲的实践意义。京剧旦行表演艺术家梅兰芳与琴师徐兰沅合作创腔，就是典型的事例。京剧中旦行的梅（兰芳）派、程（砚秋）派、荀（慧生）派、尚（小云）派，老生行的余（叔岩）派、马（连良）派；越剧中小生行的范（瑞娟）派、徐（玉兰）派、尹（桂芳）派，旦行的袁（雪芬）派、傅（全香）派、戚（雅仙）派、吕（瑞英）派，都是在唱腔艺术上享有声誉的流派。

戏曲中的唱腔大体可分为三种类型：

第一种是抒情性唱腔，其特点为速度较缓慢，曲调婉转曲折，字疏腔繁，抒情性强。它宜于表现人物深沉而细腻的内心感情。许多剧种的慢板、大慢板、原板、中板均厉于这类。

第二种是叙事性唱腔，其特点为速度中等，曲调较平直简朴，字密腔简，朗诵性强。它常用于交代情节和叙述人物的心情。许多剧种的二六、流水等均属于这一类。

第三种是戏剧性唱腔，其特点为曲调的进行起伏较大，节奏与速度变化较为强烈，唱词的安排可疏可密。它常用于感情变化强烈和戏剧矛盾冲突激化的场合。各戏剧中的散板、摇板等板式曲调都属于这一类。

（五）戏曲念白

戏曲中人物的内心独白和对话，除了通过唱腔的形式唱出之外，就是念白。唱与念，是戏曲声乐的两大组成部分。历代有成就的演员，皆是唱念俱佳。唱念字音是表情达意的基础。汉语四声字调，抑扬顿挫，也是念白音乐美的基础。各种念白形式，如京剧的韵白、京白、方言白，就是语言与音乐的不同程度的结合。

（六）戏曲器乐

器乐部分包括不同乐器组合的管弦乐（俗称"文场"）和打击乐（俗称"武场"）。器乐用于声腔的伴奏和开场、过场音乐，配合舞蹈、武打、表演、烘托、渲染舞台气氛。值得一提的是，武场——打击乐，对于统一和增强控制舞台节奏起着重要的作用，它是中国戏曲中一种特有的艺术表现手段。

戏曲采用器乐作为表现手段，主要用于伴奏唱、做、念、打，即表演艺术，以及为了开展戏剧矛盾、塑造人物性格、抒发思想感情和渲染舞台气氛。器乐伴奏的任务由乐队担任。戏曲乐队由两部分组成，弦管乐部分称文场，打击乐部分称武场，合称文武场。文场的作用主要是为演唱伴奏，并演奏为配合表演而用的曲牌（属场景音乐）。武场的主要任务是用击打乐器打出锣鼓点，配合演员的身段动作、念白、演唱、舞蹈、开打，使其起止明确、节奏有序。并且，在鼓板师父的领奏（指挥）下，调节和控制全剧的节奏。器乐在戏曲音乐中虽处于辅助地位，但它有声乐所不及的长处。器乐包括的多种管弦乐器与打击乐器，每一种乐器都有其不同的性能和色彩。

中国戏曲音乐的主奏乐器有昆剧的曲笛，秦腔、豫剧、河北梆子等梆子戏的板胡，京剧、汉剧等皮黄戏的胡琴，以及山东吕剧的坠子琴等。主奏乐器的不同音色和演奏方法，常常是形成这一剧种特有风格色彩的重要标志人们听到主奏乐器即能判明是什么剧种或声腔在演出。

打击乐器在戏曲中使用极广，有突出的艺术效果。戏曲的唱、做、念、打都具有很强的节奏性，而锣鼓是一种音响强烈，节奏鲜明的乐器，它是戏剧节奏的支柱。有了锣鼓伴奏的配合，能增强戏曲演唱、表演的节奏感和准确性，帮助表现人物情绪，渲染戏剧色彩，烘托舞台气氛。

戏曲器乐中的各种各样的曲牌，打击乐的各种锣鼓点，构成戏曲中的场景音乐。场景音乐的运用力求简练，求其意到，近似中国的绘画风格。

四、戏曲的革新与发展

中国戏曲的辉煌。作为我国传统文化中遗存最丰富、最具民族品格的艺术形式之一，戏曲集中华文化之大成，在世界艺术之林独树一帜。据20世纪80年代编纂出版的《中国戏曲志》统计，在我国历史上共产生过394个戏曲剧种，"文化大革命"以前有360个剧种活跃在各地各民族戏剧舞台上。在漫长发展的过程中，中国戏曲经历了从萌芽到繁荣800多年的不断地丰富、更新与发展，逐渐形成比较完整的戏曲艺术体系。我国是戏曲大国，一代又一代人从戏曲艺术中汲取营养，戏曲有过的辉煌让人难忘。在漫长的历史长河中，中国戏曲的不断繁荣和发展，丰富了民族文化的艺术宝库。

戏曲辉煌时期说是"万人空巷"，并不为过。虽说戏子一直都在封建社会不能得到正统的力量的认可，但是上至王公贵族，下至平民百姓，却离不开戏曲的滋润。先有唐明皇钟情戏曲，后有元代戏曲的全面兴盛，戏曲曾经的辉煌，向我们展示了戏曲本身具有的魅力，也向我们展示了戏曲市场的广阔。作为一种蕴含极为丰富的文化现象，中国戏曲以其博大精深的内涵、源远流长的历史、鲜明的民族风格、富于艺术魅力的表演形式，强烈吸引着历代各界的人士。它是中华民族文化的一个重要组成部分，还同古希腊悲喜剧、印度梵剧并称为世界三大古剧。

随着时代的变化，戏曲音乐面临着两个问题，一是继承与发扬民族戏曲音乐的传统，去粗取精，丰富提高，使它放出新的光彩；二是如何表现新生活，塑造新人物。40多年来在戏曲音乐工作者、演员、乐师的共同努力下，对唱腔、唱法、伴奏、乐队等各个方面进行了改革与探索，取得了很多成绩。戏曲音乐的改革，主要体现在传统剧目的加工与新剧目的创作（包括历史故事题材、现实生活题材两类剧目），其方法是：第一，总结历史经验，采用固有的作曲方法与手段；第二，借鉴、吸收、采用西方音乐的作曲法，在创作实践中探索前进。唱腔是各个戏曲剧种音乐的主体，是最有剧种个性的表现人物的手段，具有强烈的感染力。当代唱腔改革主要表现在继承传统基础上的广泛吸收。这种吸收包括剧种内部各行当之间的吸收；对兄弟剧种唱腔的吸收；对歌曲、民歌、说唱等姊妹艺术的吸收；对语言音调的吸收等。

当代唱腔改革的另一表现是根据传统唱腔的某些旋律、节奏、重新组合唱腔，发展新板式。如在越剧《穆桂英》、豫剧《朝阳沟》、吕剧《李二嫂改嫁》、粤剧《关汉卿》、淮剧《孟丽君》《蓝齐格格》等戏里都有这类新的突破。

为适应新的内容，对传统戏中某些很有特色的表现形式和处理手法，在新剧目中加以创造性的运用。如在《沙家浜》中《智斗》一场，阿庆嫂、胡传魁、刁德一三人的对唱，就是传统表现形式的妙用，它表现了三方复杂微妙的矛盾关系，并显示了三个人物的性格特征，很有戏剧性且脍炙人口。

第四章 中国传统文化审美概述

第一节 中国传统文化审美译介探析

随着中国繁荣富强和国际地位提升,作为国家软实力之一的中国文化亦稳步走向世界,如遍布全球的"孔子学院"、逐渐扩大的"汉语热"等,古老的华夏文明正走向历史性的复兴。如何因应形势,在全球经济、文化一体化的大潮中,以有效的方式和途径促进中国传统文化的大力译介和广泛传播,是一个值得引起高度关注的重大课题。本节即拟从文化传播审美角度对此做出初步的探析。

一、中国传统文化审美特性

要有效传播中国传统文化,首先就要明确中国传统文化是一种本质上的崇美文化,"中国的经史子集、诗词书画实际上都直接、间接地记述、描摹、演绎、探索和阐发了人伦美、道德美、人格美、气质美和自然美"。从外在表现的角度,可以将中国传统文化的审美特性集中概括为以下几个方面:

(一)表现主题特别侧重道德情感美

中国传统文化是一个非常重视道德的文明体系。几千年的中华文明过程中,"文以载道"式的正面宣传一直源源不断,如《二十四史》等的正史记载,如《论语》《道德经》等的诸子学说,如唐诗宋词中俯拾即是的名篇名句,如《说岳全传》《杨家将》《包公案》等的传记文学,以及其他各类官方、民间的道德鼓励等。发展到后来,其中起示范作用的各类历史人物、事例在民间甚至不是依靠文字在传输,而更多的是通过人们从小耳濡目染的各种民间文艺形式乃至祖孙夜谈之类方式传承。就是这样一种优良民族传统和"立体互动"的传播方式孕育了世界独步的、包含着丰富历史内涵的中华文化道德伦理美学宝藏。

此外,中国传统文化的一个重要主题特色是注重广义的情感抒发,内容涵盖爱国卫民(边塞诗)、追求真理(《离骚》)、珍惜亲情(《木兰辞》)、维护友谊(《水浒传》)等各个方面人类情感领域。朱自清先生曾经说过:"在中国诗歌传统中,缺少情诗,为爱情而歌咏爱情的更是没有。"笔者不敢苟同这种观点。因为古汉诗中有太多的例子(如《蒹葭》《孔雀东南飞》等)可以为证,不能说没点明"爱情"二字的作品就不是歌咏爱情。但本节不拟过多讨论此一细节问题,只从宏观上指出中国传统文化的重情主题特色,即以中国传统文化的主流代表——古汉诗而言,从最初的创作宗旨"诗言志"(相信没人能否认"志"与"情"的关系),到其后两千余年绵延不绝的多彩实践,无不充分证明了其中丰富的情感美,比如中国古诗中常见的对爱情忠贞期盼的"为谁风露立中宵"的怨妇思归式寂寞美和报国无门的文人志士"兴登临、凭栏之叹"的壮志难酬式苍凉美,就构成了中国古诗的两大独特而恒远的情感主题,其意蕴美感十分厚重。

（二）表现方式特别注重含蓄朦胧美

《周易·系辞》说过"言不尽意"，意思是说语言不能尽数地把意思描述彻底。其后的《庄子·天道》也说："意之所随者，不可以言传。"既然胸中之臆，语言不能完全一对一地表达出来，那么，语言的含蓄以至"言近意远"就成为中国人的必然选择，一个语言单位承接多个情义单位的"复义特征"也就成为中国语言乃至文化的自然特征。

南北朝刘勰《文心雕龙》"隐秀篇"提出"隐也者，文外之重旨者也"，"神思篇"提出"文外曲致，言所不追"；唐代刘禹锡《董氏武陵集纪》倡导"义、境存于言外、象外"；宋代欧阳修《六一诗话》提倡"状难写之景如在目前，含不尽之意见于言外"；宋代严羽《沧浪诗话》提出"别材""别趣"之说，强调诗创作要"言有尽而意无穷"等，从中可以看出中国传统美学的一个绵延不绝的脉络：崇尚言外之意。千百年来的一脉相承，说明了这是一个客观而重要的汉文化美学规律。

由于语言规律的发展，汉语复义特征的呈现规律有所不同，比如，古汉语更多的是一词多义、一句多义，而现代汉语更多的是一个组合多重意义。但无论古代、现代，隐言、复义、含蓄特征始终是汉文化的一个美学规律：既然"言不尽意"，就要善于营造"言外之意"。如中国书法、国画讲究的"留白""尺幅千里"，古典诗歌讲究的"言有尽、意无尽"，传统文学甚至民间文化中常见的谐音、双关手法等，莫不以含蓄的笔法、"能指"与"所指"的较大差距，以及内含的典故、背景等，向接受方倾吐着丰富而又含蓄的美感内涵。

（三）表现形式特别讲究音韵格律美

由于汉语独特的单音单字结构和四声构成抑扬顿挫的声调语言音乐特征，因而形成了独特的民族审美习惯，即特别讲究语言文字的音韵格律美。从古代的诗词、骈赋到现代汉语二字、四字格的形成，造句修辞中的对偶排比，甚至是日常用语中习惯采用的对称语词形式等，都充分说明了传统文化音韵格律美对国人的熏陶和影响。

下面笔者仅以中国传统文化中的精粹——古汉诗为例，来探析这一问题。因为诗歌是世界上每一个民族的文学乃至文化最经典、精粹的载体，中国更是一个诗歌的王国，古典诗歌在中国传统文学中占据了其他体裁的文学作品无可比拟的主导地位。从音律角度看，古汉诗就存在以下强烈的审美特征：

1. 格式美

中国古诗特别讲究格式韵律对称美，从最初的《诗经》到汉乐府、四言诗、五言诗、七言诗等，无不是一句句工整对仗的，及至后来发展到了宋词、元曲，虽句句对仗有所打破，却又有了嵌字合韵和音调节奏的要求，其格式更为严谨美观。

2. 音韵美

中国古典诗歌产生于劳动中，每每可以合乐作歌，如《诗经》中的"坎坎伐檀兮"，即是劳动群众在伐木中所作劳动歌谣，有与"川江号子"异曲同工之效。其"叠韵如两玉相叩，取其铿锵；双声如贯珠相连，取其宛转"，从而产生了跌宕起伏、错落有致的音乐美。据此创作出来的诗词均可入乐，或低吟浅唱，或高歌朗诵。

由于长期的历史延绵，这种对音韵格律美的重视已经成为中国传统文化一个显著而不容忽视的重要特征。

二、中国传统文化审美译介途径浅析

（一）加强中国传统文化译介审美关注的必要性

文化译介的根本目的和评判标准是有效的传播，而传播学研究表明：要使传播有效，就要从受众的需要出发，并且要求"传播方法和技巧的使用要同所传播的内容相一致"。根据接受美学理论，读者在阅读作品前，都具有"期待视野"，即读者原先各种经验、趣味、素养、理想等综合形成的对作品的潜在审美期待。因此，文化传播的接受一方在接受外来文化的时候，往往以已有的"期待视野"模式对外来文化加以衡量，以与自己的传统习惯相适应、相和谐的方式来对它加以消化和吸收。这决定了异域文化传播应充分考虑双方文化、语言和审美习惯的差异，加强对接受方认知心理、审美情趣、语言习惯、文化心理的关照。

从文化传播的接受个体来说，在审美价值观念上，人们自然地具有审美心理定式。而"审美心理定式的形成，取决于审美主体过去的审美实践，它势必使审美主体在认知活动中舍弃对象的许多不相干的审美知觉，而倾向于他以前见过和乐于见到的东西，使整个审美知觉呈现出一种习惯选择性"。这种现象也决定了文化传播必须符合审美规律。

从中国传统美学理论来看，依据我国古代美学命题中"美而传"（其"美"

可涵盖信息内容、结构、体裁等各方面）的原理，审美实践具有超越其他形式的传播能力是必然的。而审美实践即要求在具体的文化信息传播过程中必须遵循传播规律与美学规律。

总之，"传播规律是支配、制约信息传播活动的现状与趋势的种种客观性要求，而审美实践则是整个传播过程的主体要求。审美实践在具体的信息传播过程中需遵循传播规律与美学规律"。因此，中国传统文化要走向世界，必须也必然附带着其与生俱来的高度审美特性，这就对其译介传播过程中的审美传达方式和内涵提出了相应的要求。

（二）中国传统文化审美译介传播途径

根据以上对文化译介审美必要性的分析，我们在推进中国传统文化传播时，就应注重根据当时当地的文化氛围和群体需求，更巧妙、务实地寻求恰如其分的译介形式，以期在形式、体裁、内容、风格等各个方面切实有效地传达本民族文化审美因素，展示其审美艺术成就。因为"审美考量实质上也是一种语用考量，在更多情况下的审美考量是为了确保传播效果，即更有可读性"。具体来说，应在以下几个方面做出努力：

1.注重主题选择，突出感情特色

由于"传播成立的重要前提之一，是传受双方必须有共通的意义空间。这意味着双方必须对符号意义拥有共通的理解。广义上，共通的意义空间还包括人们大体一致或接近的生活经验和文化背景"。因此，文化需要以各民族共通的意义空间为基础，如爱好和平、热爱祖国、歌咏爱情、赞美友谊等。以这样一些共通的人类情感、意识作为传播沟通的主题，则易于打动受众，赢得关注和喜爱。为此，可在传播中多些讴歌祖国、咏叹爱情、描写友谊的内容，如边塞诗、婉约词、《水浒传》之类译介，以引起共鸣。

2. 注重内容选择，突出通俗特色

美国的梅尔文·德弗勒曾经就美国大众传播内容指出一个现象：形式简单、内容浅显、接受起来无须特别费脑筋的，正是最容易在普通大众中流行的内容。它与浅薄、低俗、粗鄙不是一回事，而是指内容、形式让人接受起来一点都不费劲，但能打动人心。如庞德选择李白和王维作品为代表的部分古汉诗如李白《送友人》之类结集出版的《华夏集》，由于其内容浅白动人、形式质朴新颖，可谓雅俗共赏，就博得西方读者的普遍接受，被誉为20世纪初（西方）最受欢迎的诗集之一，堪称成功的文化传播案例，充分说明了传播规律的力量。于丹的《论语解读》颇为专家诟病而广受大众欢迎，同样是对大众文化传播中必不可少的通俗性审美规律的说明和佐证。为此，可多选取一些语义浅白、感情质朴、用典较少、通俗易懂的民歌体汉诗如汉乐府诗推出，以增加受众。

3. 注重形式选择，突出优美特色

亚里士多德把美规定为形式，认为艺术之为艺术不在质料而在形式中，形式已成为美和艺术的规定和根据，而正是形式使美和艺术成为可能。就传播效果而言，即便是同一条信息，用词的粗俗与礼貌、声音的有力与无力、语气的坚定与犹疑，声调的高低、节奏的快慢、韵律的有无等，都会引起听话者的不同反应。因此，文化传播在体裁、音韵、文字、修辞等方面的形式选择，将直接影响到传播覆盖面和传播深度效果，如俚语民谣与宫廷辞赋、史诗与史记的传播面区别等，尤其是一些少数民族的文化传播更是必须依赖形式的生命力，如藏族《格萨尔王传》的流传延续至今就是如此。这方面，中国古典诗词歌赋可为首选对象。

4. 注重方式选择，突出和谐特色

中国文化内涵上的一个重要原则就是强调和谐。在文化传播中，我们同样要对此身体力行。而一个民族的文化要在全球范围内取得预期的良好传播效果，正确的做法也应是既尊重接受方语言文化习惯、尽量减少异域文化输入障碍又平等充分地展示自身文化特点和本色，在不改变原作本意的前提下适应对方，做好有原则的转化与沟通工作，使传播对象能够真实、平等、和谐地融入接受方，并争取达到对等的艺术效果。这方面，中国近代文学翻译史上著名的"牛奶路"与"银河"之争，可以作为一个民族文化习惯与传播接受效果关系的典型旁证。

5. 注重载体选择，突出便捷特色

文化传播必然牵涉载体选择。尤其在现代社会，科技发展日新月异，信息技术突飞猛进，人们已经处于一个信息爆炸的时代，"文化快餐"成为大多数人不得已的必然选择。在这样一种鱼龙混杂、文化包围的形势下，从文化营销和自我突围的角度看，传播载体选择与优化已经成为文化传播审美的一个重要方面。具体地说，载体审美主要体现在两方面，一是审美性强、吸引眼球，如书籍的装帧美观、印刷清晰、整洁挺括等；二是取用方便、反应敏捷，如互联网的信息集中、随需随用等。为此，可采用发行中国传统文化精粹典藏版、制作传统文化精粹网页等，以促进传播。

第二节　审美感知与中国传统文化

　　审美活动作为人把握世界的特殊方式,是人在感性与理性的统一中,按照"美的规律"来把握现实的一种自由的创造性实践。在审美活动中,对生活与生产劳动过程及其结果的把握,更多的是从感性形式方面进行的。换句话说,审美活动从直观感性形式出发,始终不脱离生活与生产劳动过程及其结果的直观表象和情感体验形式。源于此,审美感知是审美活动中最基本的心理要素,也是审美主体需具备的最重要的审美素质。

　　审美作为一种活动,一般遵循这样的规律:一是审美活动的开始,主体由一般感知到审美感知;二是审美关系进一步建立,审美主客体达到情之契合状态而自然萌发审美情感;三是审美时间得到绵延、审美空间得到拓展,审美主体借助审美联想、想象达到了自由的精神状态;四是审美理想得以实现,审美主体突破层层迷雾而悟得美的真谛;五是审美创造,审美主体心理进入了对人生命本体回归而玩索回味的美的境界。由此导出,中国传统审美心理各要素之间有一种稳定的关系,这种稳定的关系就构成了完整的中国传统审美心理结构。由于各要素之间稳定的关系具有多样性、复杂性,这就决定了中国传统审美心理结构由感性到理性的多层次、多等级性。此结构大概呈现出这样的层次:审美感知—审美情感—审美想象—审美理解—审美创造。本节将对中国传统审美心理之审美感知进行阐述。

一、什么是"感"

人生活在世界上,首先要与周围世界发生感性的、自然的和直接的关系。他每天都在观看、倾听、品尝和触摸外物,通过初级的感官给人在生理上产生一定的快感;没有这种初级的生理感受,更高级的情感、想象和理解创造活动就失去了基础。马克思曾经说过:"只有音乐才能激起音乐感;对于不辨音律的耳朵来说,最美的音乐也毫无意义,音乐对他来说不是对象。"显然,美的对象能使审美主体产生美感,但是,如果审美主体不具备能感知对象美的感官和素质的话,二者就不能建立审美关系,对象就不是他的对象,他也就不能感受到对象的美。

感,是最具有中国美学特色的范畴之一。它表示审美主体与审美客体之间审美活动的发生,指审美主体心灵因有所触动而萌生的美的情志、意趣,也泛指人心的种种变化动态。

中国文化素重人心之感,无论谈天说地,谈论文艺,乃至日常生活,都少不了有关"感"的言语。例如感人、感事、感物、感心、感动、感应、感触、感兴、感会、感生、感化、感知、感受、感染、感时、感天动地、感今思昔等。从审美活动看,"感"既是引动主体情志的契机,又是构成艺术生命的要素。其中蕴含着中国美学特别浓郁的生命意识,即以生命产生的基本认识来看美与艺术的发生,认为生命由"感"而化生,天人之间由"感"而应合,艺术亦由"感"而产生,是审美心理活动的开始。可以说,"感"孕育着中国传统文化以和为贵的精神和天人合一的思想传统。审美主体由一定的审美客体触发,审美主体之心有所动、情有所兴、志有所激,则有审美意识产生,进而开始艺术创造并物化为艺术品。从心物感应来说明美与艺术的发生,是中国美学的独特之处。

产生审美意识与美感的心物感应称为审美感应,它由中国传统哲学的天人感应观转化而来。作为美学范畴的"感",也由哲学、心理学的"感"演化而来,并派生出感觉、感知、感兴、感悟等一系列审美心理概念。

二、心物感应

中国美学关于审美活动发生的代表理论是"心物感应"说。《乐记·乐本》篇:"凡音之起,由人心生也。人心之动,物使之然也。感于物而动,故形于声。声相应,故生变。变成方,谓之音。"

其《乐言》篇也说"应感起物而动,然后心术形焉",最早提出了艺术感应发生在心与物之间的见解。

心,指艺术创作主体的内在情感;物,是能够引动人心的客体审美对象;感,是物作用于心,心被物引动的现象;应,指心反作用于物,以其情感表现与物相应和的现象。心物感应包括两方面的动感:一是"感于物",如《乐记》"人心之感于物"、梁肃云"诗人之作感于物"、方回"物有所感"等;二是"动于心",如《荀子》"动人之善心"、裕康"心动于和声"、韩愈"不平有动于心"等。基于原始交相感应的思维和天人感应观念,中国古代艺术家与美学家认识到"感"是艺术发生的动因。感的主体是心,感的对象是物,在审美活动中它内化为审美主体并作为一个整体,来应和整个审美客体之感,是心与物的整体对话。心不能无缘无故而感动,心由物的引发而有感,从而进入审美欣赏与创造。

中国美学的"心物感应"说，不同于西方重客观的"模仿"说，也不同于主观的"心灵表现"说。美学理论中"物"的概念约有三义，或指生活中的关照对象，或指创作中的内化物象，或指艺术作品中描写的事物。这三种含义的物，分别表示艺术创作活动过程中的客体，其相对的主体常以心、我、意、神、情、志等艺术语指称。那么，究竟是什么东西使得物我之间能够相通呢？钟嵘《诗品》云"气之动物，物之感人"，从中可探出物我之间盖因"气"而相通。从创作来看，"气生乎心"（王昌龄《诗格》），于是心、物之间由"气"沟通而相感。一方面，"气之动物"（钟嵘《诗品》）；另一方面，"情与气偕"（《文心雕龙·风骨》），"物以情征"（李梦阳《鸣春集序》），"心以应物"而艺成（钱钟书《谈艺录》）。清代画家沈宗骞述其创作体验说：山小树态，受天地之生气而成，墨浑笔痕托心腕之灵气以出。（《芥舟学画编》）物之生气与心之灵气感应而融一，即达到心物契合。也就是说，由于气的沟通，外物才能被我心接受，成为审美对象与创作的因素。

在表示艺术创作发生的心物关系方面，"感"常化为感遇、感触、感应。但它们有其微妙的差别，反映出古代美学范畴发展中的细分与深化。钱钟书《谈艺录》说："夫艺也者，执心物两端而厥中。兴象意境，心之事也；所资以驱遣而抒写兴象意境者，物之事也。物各有性：顺其性而恰当于吾心；违其性而强就以吾心；其性有必不可逆，乃折吾心以应物。一艺之成，而三者具焉。"

钱钟书先生这段话指出艺术创作由心物感应而来，而心物感应有三种方式：一是物"恰当于吾心"，二是以物"就吾心"，三是"折吾心以应物"。前一种大致相当于上文所述的"感遇"，后两种为现代心理学所说的同化与顺应。但所谓"一艺之成而三者具",即强调实际创作中往往是几种方式的兼用。

三、"感"的文化意蕴

从上文有关"感"的论说来看,可见"感"在中国美学中是一个重要的理论范畴。"感范畴"的形成轨迹是这样的:它是由最初表示男女交感的生理概念上升为哲学概念,以说明天人之间的感人现象,进而用于文艺领域,形成"心物感应"说。

中国作家素来认为文学艺术是有生命、有灵气的,是活物而不是死物,因而主张自然有感而生,反对刻板印制,有意模拟。诗人李白欣赏"清水出芙蓉,天然去雕饰"之作(《赠江夏韦太守良宰》),陆游认为"文章本天成,妙手偶得之"(《文章》)。何为天然、天成清代费锡璜解释说:"天成者,如天生花草,岂人剪裁点缀所能仿佛"(《汉诗总说》)"感"的特点就是自然勃发,油然而生。《淮南子》说:"喜怒哀乐,有感而自然者也"(《齐俗训》),这是讲人之情的感生。《荀子》率先提到"感而自然"。后世言及文艺发生"感于哀乐""感荡心灵",都含自然感生之意。故《文心雕龙》曰:"感物言志,莫非自然。"对于自然感生的艺术形象,人们历来多以生气勃勃、生龙活虎、活灵活现、栩栩如生等词语称美之。这种艺术生命观,正是中国美学生命意识的体现。

比如,王维对声音的感觉敏锐而精细,就非常值得我们学习。他善于捕捉一般人难以察觉的大自然的音响和声息。其诗"雨中山果落,灯下草虫鸣"(《秋夜独坐》)、"兴阑啼鸟换,坐久落花多"(《从岐王过杨氏别业应教》），皆用清新含蓄而又饶有韵味的笔调，写出了自然景物的细微变化和音响。王维对大自然的各种音响的描摹，常采用多样化的手法，或用象声词摹拟刻画声音的情状，或巧妙地"寓声于景""藏声于景"，诱使读者发挥想像力，从事物的形象和色彩中"听"出声音。用叠字摹声，如"丁丁漏水夜何长，漫漫清音露月光"（《秋夜曲》）、"鸟度时时冲絮起，花繁滚滚压枝低"（《游春辞》），不但活灵活现地写出了物象的声音美和动态美，还加强了语言的节奏感，使其音调和谐，读起来铿锵悦耳，有澹澹远致之情。

总而言之，"感"正是心与心相通、心与物相应，人心与天伦相合的表现，情由此而美，美由此孕生，中国人文精神由此陶冶融洽，悠长光大。在中国人的感觉中，一切美的东西都可以用一个"和"字来加以统摄。光色的柔和、滋味的调和、声音的谐和、气味的清和、环境的温和等，举凡视、味、嗅、触诸觉，皆以和为美。"和"就是美，这是积淀在中华民族心灵深处的一种审美意绪。"和"由乐和，渐渐而延伸为政和、民和、人和，一直到今朝的"和和美美"，成为中华民族的人伦关系的理想。这说明，我们艺术哲学的观念与生命哲学的观念是多么的紧相契合。"声依咏，律和声，八音克谐，无相夺伦。"（《尚书·尧典》）既和且谐，艺术美学的旗帜，就是人民心灵的旗帜，这也是值得世人为之欣羡的一种民族心态。

第三节　从清代书画看中国传统文化的"怪诞"审美

所谓艺术美的范畴，中国传统文化艺术领域可以说是百花齐放，传统书画作品中，美的形态也是多种多样的。清朝既有明清时期大范围的中西方的文化交流，又有自身统治阶级对艺术的崇尚，使其艺术作品很大部分具有独创性。这些独创的艺术表现形式中，就有多种作品的细节对于"怪诞"审美范畴的完美诠释。

一、中国传统文化艺术美学中的"怪诞"现象

传统美学范畴主要体现为优美、壮美、崇高、荒诞等。首先，总体来讲，每一种审美范畴都是对一类艺术作品所呈现出的美的具有倾向性的划分，并且大部分的作品相对来讲是具有这种倾向的典型表现的，如唐诗相对于宋词所表现的壮美，从其节奏与韵律中就可以窥视一二。其次，具体的一类艺术美的范畴中，艺术作品类别中又有所不同，比如说优美是属于本体的和谐美，几乎趋于理想的主体与客体的完美统一，但是人们的审美需求是创造更多的艺术活动方式与形态，来丰富大众审美，在这种情况下就需要对艺术活动进行改造或者创造，而在这种改造和创造的过程中就是对于优美的典型进行拓展与延伸。如果说优美是更倾向于柔性美，那么也可能出现令人激动的、结构宏伟的刚性特质的优美。最后，在艺术表现中深入赋予人性的精神与情感，就有了艺术中自然的崇高表现，尤其是在不同的历史进程背景下，清代书画能够昌盛发展在很大程度上来说是由于统治者对于书画的推崇，进而引领社会风潮，带动艺术潮流，最终形成各类艺术流派。

清代早期开始，就有中国传统艺术表现技法与欧洲艺术的碰撞，西方传教士将油画传入中国，郎世宁在清三代时期形成影响重大的中西结合的画风。与此同时，欧洲各国上层与对中国传统艺术作品也非常热衷，对丝绸、瓷器、

漆器等艺术作品纷纷进行仿制和改造,如法国就非常流行中国风的装饰工艺(Chinoiserie)。这种风格打开了中国的外销贸易,产生了很多迎合西欧审美的"怪诞"中国艺术。虽然这些"怪诞"的中国艺术作品后来和洛可可艺术一样退出了西欧流行文化艺术,但是它的出现也为后世对艺术作品创作带来了灵感。

二、清代书画作品中的"怪诞"审美表现

纵观清代书画史,除了传统正宗的"四王"精准的绘画技巧和复古笔墨外,最引人瞩目的就是"四僧",而其中最具特点的当数八大山人朱耷与石涛。

八大山人是明朝皇室后裔,他的作品画风简练雄奇,有壮美之意,虽说其擅长的花鸟取自徐渭等人的水墨写意,但是他却能发展创新,笔墨单纯含蓄,形成稚拙的"怪诞"风格。在其花鸟题材中,神情奇特的水鸟最为突出:形象桀骜不驯,眼珠向上,做白眼看人之态。而正是这种"白眼向人"的形象让人有了奇特而怪异的审美体验,如果说从元代开始大力发展写意画,那么此时的写意更加趋向于抽象和象征意味,虽然给人以怪异荒诞的审美体验,但是充分体现了其艺术作品中所蕴含的作者的人格内涵:作为前朝皇室后裔对于现世的愤懑,无处倾诉又无人理解,并且传说他的作画状态也常是怪异,可见八大山人确实是反叛传统而又标榜自我的"怪才"。

同样,石涛也充分表达着自我的意识,对于山水的表现不拘于传统的描绘,力求气势磅礴,并喜欢强烈的反差效果,批评复古习气,并且追求标新立异。他们作品的"怪诞"风格都强调表现个性,突破传统观念,极力追求创新,具有鲜明的个人特色。

他们的创作也直接影响了后来的"扬州八怪",一群以"怪"为特征的文人画家,具体艺术作品表现奇特,统称为"怪",如金农的漆书体、郑燮的"六分半"书,在当时都是奇古怪诞的表现,极富变化。而这种怪诞的审美却一度被世人所接受,以至于"扬州八怪"主要应承市场需求,以卖画为生。这与当时的社会背景是有密切联系的,当时扬州属交通要道与商业中心,社会上儒家对于商人阶级的歧视和压制使得富商们需要文化投资来改善社会形象,所以这批各自历经苦难的布衣寒士,能够充分发挥个人特色,利用文化资本,保持各自艺术作品的畅销。

"怪诞"审美表现中还有一点是清代书法中的怪诞派。他们属于不同于碑学派和帖学派的非正宗流脉,继承自晚明时期的怪诞派作家张瑞图等。怪诞书法风格的代表主要有王铎和傅山,他们都是前朝遗民,二人的草书均为狂放险怪的风格,奔放张扬,也体现了他们内心精神的压抑与扭曲之感。这种亢奋外露的表达方式使怪诞的审美有了新的内涵,也更为直白,符合现代人的审美,这也是二人在近代声名海外的原因。

三、"怪诞"审美与其他审美范畴的关系

怪诞在清代书画史中能够拥有如此之大的影响范围,与它的出现原因是息息相关的。清初"四王"是正宗的传统山水流派,无疑都隶属优美和壮美的范畴:理想而典型的表现手法,完美而熟稔的绘画技法,所呈现的山石都为真实而又完善的,整体的视觉效果又是非常和谐优美的,抑或是结构宏大而气势磅礴,让人具有强烈的美的认同感。无论是优美还是壮美,都表达了和谐、中和的审美效应,所见即所得,达到了内容与形式的统一,客体与主

体的统一，期间或许有对于某一特征的突出，但总体效果都是和谐美满的。

怪诞也是如此，它们中有不规则与不和谐，特征诡异，虽与优美和壮美有所差异，但与最终的美的体验是没有本质差异的。没有鱼鸟是真的"白眼向人"，它们所表现的是被人格化的艺术意象，对于自然界客观存在的事物能够充分给予作者的意识渲染，最终营造出作者独特的艺术语言。人们在领悟其蕴意的过程中能够不拘泥于传统美的基本形式，而是利用理性的分析来理解怪诞美的内涵。"六分半"既不像楷书也不像隶书，但是却抑扬顿挫，颇具奇古，结构夸张奇异是却富有节奏感，它们整体处于和谐的统一。

怪诞不是荒诞，两者间有联系也有区别。荒诞是彻底否定主体与客体的存在意义，是将矛盾、不正常与不合理推向了极端，是丑的极端表现。从其产生背景来看，两者都是艺术家根据自己的生活经历与处境，对人生和社会的重新认识。由于外部环境因素的变化，艺术家的心理产生了极大的反差，在艺术创作表现过程中产生了对传统秩序的质疑，提出反正常思维模式的艺术创造，将艺术意象进行改造变体与加工，使其表现形式怪异荒谬。并且两者都是通过对现实社会的思考与辨证，通过独特的艺术表现来激发人们对社会现状进行深层次思考，并从一定意义上让人们理性面对问题，辨析社会的本质，获得积极认识。但是，怪诞与荒诞又有所不同。首先，从美学角度讲，怪诞不是丑的表现，王铎的草书看起来是怪诞，与传统的草书相比则充满了扭曲与变形，但并不是丑，也不是荒诞。王铎书体表现狂舞奔放，如痴如醉，几乎不见章法，却充满生命的韵律与线条的张力，这主要得力于他深厚的艺术技艺。后世书家发现，他的创作虽然放荡不羁，却字字有来历，是自由与规矩的高度统一。由此可以看出，怪诞不是荒谬的毫无缘故的捏造，只是外部表现形式的怪异,并不妨碍其内涵的深刻表达。再者,怪诞艺术审美在清代(尤其是清初)能够流行与传播,也说明当时社会风潮对于怪异独特意象的追求,间接体现了人们的审美要求。由最开始出现时期艺术意象的解读困难,到后来整个艺术群体"扬州八怪"对怪诞的追求,并且各人的"怪"都有所侧重,有所创新,能够做到不重复,对怪诞审美不过分追求,这些都体现了艺术创作者对艺术审美的良好把握与掌控。我们现在看来,怪诞的审美说明了特殊的艺术表现形式可以产生独特的艺术形式美感。怪诞也是艺术内容与形式的有机结合,为了表达艺术家想要达到的审美效果而对某一艺术意象进行强调或者改造,这种艺术行为的目的是促使人们对怪诞艺术表象进行思考,最终达到对艺术语言内涵的升华。

第四节 音乐符号在中国传统文化中的审美价值

音乐符号源于西方,五线谱源于希腊,雏形是流行于罗马时代的"纽姆记谱法";简谱始于18世纪的法国,后由多位音乐家改进,终于产生了正统的"Cheve记谱法"。而中国古代有自己的音乐记载工具,始于西周发明的律吕字谱和宫商字谱,后来陆续发明文字谱、减字谱、琵琶乐谱、俗字谱、工尺谱等,直到明清时期才对西方的音乐符号有所接触。而19世纪中叶由于西方传教士在中国的广泛宣传以及当时新学的兴办和乐歌课程的开设,音乐符号在中国逐渐流传开来。

不同文明之间可以相互对话,甚至相互融合、共同发展,这个事实就已证明人类文明在某种程度上的共通性。中国从接受音乐符号作为音乐艺术的表现形式到如今仍然沿用,也说明它与本国文明似乎有某种意义上的联系。音乐符号虽然是从属于音乐的一种表现手段,但是作为一种符号,理应归属于造型艺术。造型艺术给予欣赏者的首先是形式的美,即指引人们去欣赏它的优美的线条、空间感的构图、总体的造型或者鲜亮的色彩、和谐的比例等。当然,欣赏任何一个文艺作品,都应从艺术形式窥探其背后所传达的审美价值和哲学意义,以丰富人类的精神文化。

一、线条的表现——心灵的洒脱美

音乐符号作为一种造型艺术,其线条的表现应在研究的首位。音符由符头、符干和符尾组成,符干和符尾的数量组合以及符尾的颜色异同(黑白两种颜色)构成了不同的音符。比如,有符干无符尾的白色音符是二分音符,符干和两条符尾的黑色音符是十六分音符。另外,音符的线条运用主要集中在曲线的勾勒上,符头、符干和符尾的曲线线条的组合整体上给人一种婉约却又不失力度的美。

我们知道,从绘画艺术看,东西方的差异性总体上表现在前者是"线的艺术",而后者是"块的艺术"。倘若我们将音符从西方绘画习俗中抽离出来,会发现它与中国独有的"有意味的形式"——书法有某种程度上的联系。音符善用黑白颜色来区分不同的种类,中国的书法也是运用笔墨通过黑白的浓淡轻重来显示不同笔画的力度美。音符运用曲线勾勒,而曲线技法的日渐娴熟正是中国书法艺术不断演变成熟的最佳印证。从青铜时代起,中国书法的演进过程经历了甲骨文、金文、小篆、汉隶、草、行、真,作为"线的艺术",书法展现的正是曲线线条勾勒出的轮廓美:从整体上看,展现的是外部整体向四方推进蔓延的速度感与力度感的完美结合；往内部看，展现的是轮廓内部为控制其外部形状而产生的运动变化——整体与部分"无意识"的合作，上升到了一种哲学的高度。书圣王羲之的《兰亭序》点线用笔简洁流畅，可以说是将"线的艺术"表现最具神韵的佳作之一，正如跳跃在五线谱中的音符：用笔峭丽，气势如虹却自然盈润，大小错落有致，给予欣赏者一种潇洒却不杂乱的恰到好处的美。

然而，线条作为直接展示物象外形的手段，也间接担负着传达情感的符号作用。无论是中国的书法艺术，还是西方的音乐符号，都是借由不同的艺术门类去寻求情感上的共鸣。音符作为音乐的表达工具，更是被全人类接受并广泛使用。发明者运用线条的单纯表现力，表达了他们对音乐艺术的挚爱。挥洒自如的线条，黑白分明的色彩，正是他们洒脱而又细腻的心灵深处。所以，线条在这里作为一种"有意味的形式"，并不实指克莱夫贝尔的纯形式主义，它表达着画家独特的思想特征。正如李泽厚先生提出的"审美积淀论"（或"审美积淀说"），内容应积淀在形式之中，正是由于对它的感受有特定的观念、想象的积淀，才不同于一般的感情，而成为特定的"审美感情"。音乐符号给予感官的线条之美是形式上的，但是这种形式上的洒脱需要沉淀在创作者和欣赏者的心灵之中，而最终内化成为一种精神上的财富，一种心灵上无暇的洒脱。

二、构图的舞动感——生命的动态美

莱辛认为，诗人如果想描绘物体美，最好是只描绘美所产生的效果，或是化美为魅（动态的美）。不同于音节相连带来的节奏感，音乐符号作为音乐艺术的记载形式，是利用静态的整体构图去表达律动感和动态美的。而这种相似于舞蹈的动态美，与中国古代"诗乐舞三位一体"的文艺主张不谋而合。这种主张始于西周时期，认为音乐的修养本身就是舞蹈和诗歌的修养。诗中跳动着生命的节奏，它的抑扬顿挫的美反映着一种灵动的美，于是有了音乐的节奏感。而音乐动感的节奏、强烈的感染力，能够激发听者的想象力，撞击听者的内心，仿佛诗歌中的文字跃然纸上。其舞动的构图又为音乐艺术增添了舞蹈艺术的动态美，借这种节奏感传达音乐家的思想感情，为音符披上了一层诗意的外衣。

中国古代的艺术大都追求一种"意境"，即借外在形式传达自己的思想感情。中国古代艺术家在创作时追求一种"画外之旨""言外之意"。音符也是一样，无论是线条的表现，还是整体的构图，形式的背后都有一种隐喻思想等待我们去探寻。李荀华说："作为三种基本艺术形态其对社会生活，思想情感的表现力的多维追求，使得它们在艺术审美的需求中统一成一体共生的艺术体，以完成多元化的艺术使命。"所以，诗乐舞三位连体，满足人类表达自我情感的需要。而音乐符号在此完成的使命是，借助其构图的舞动美传达人类生命的动态之美。

三、造型的象征性——历史的神秘美

符号作为一种造型艺术在人类原始时期具有极其重要的作用，因为那时语言尚未形成。而音乐符号的造型无论从符号之间或者每个符号内部都没有什么可遵循的规律，但是因为它被全人类所接受的事实，我们必须探寻一种意义。就像西方古罗马时期的朗基努斯所认为的那样，经得起各阶层读者在长时期里的考验，能持久行远，才算得上真正好的作品即艺术典型，这个标准被他称为"绝对标准说"。那么，源于西方的音乐符号被中国人接受是否可以追溯到中国远古时期的图腾信仰？巫鸿认为，"中国古代史学家已经充分意识到文学或图像形式作为一种工具的价值，它可以用来传达人们对历史事件的理解和评价"。音乐、舞蹈等艺术成为无国界的艺术，在人类各族文明史上必定有一种思想或信仰搭建起沟通的桥梁，让艺术从无到有、从有到完善。

音符的造型飞舞灵动，变化自如；中国远古的图腾符号，以动植物为原型，却似物非物，甚为神秘。正如艺术法则是在文明发展渐进成熟之后后人总结的那样，当初创作者的象征意图倒也不能完全证实，这也为历史增添了一种神秘感。另外，在人类文明发展初期，艺术倾向于实践操作而不是理论探讨，同时因为生存本能，原始人类关注的是所制造的艺术品的实用价值而不是我们现代人所倾向的艺术价值。例如，中国远古时期的人首蛇身、凤鸟图腾在当时来说不过是用来祭祀的道具，指向一种宗教迷信或者神话传说；龙图腾就与中国人的宗教信仰有关，龙作为一种非常灵性的动物，被人们赋予了智慧、力量、神秘、祥瑞之意，炎黄子孙皆为"龙的传人"，历史上的皇帝都是龙的化身，穿着龙袍，拥有至高无上的权利。符号作为一种视觉文化，本来就有各自的象征意义。其实，到如今人类文明已经如此发达的程度，我们仍然视符号为一种不可或缺的视觉语言，而且即便那些已经被时代遗忘的图腾以及符号，我们也同样能在远古神话传说以及宗教信仰中找到它们应有的象征意义和文化价值，因为历史总会告诉后人它们存在的理由。从某种程度上说，音乐符号通过极具象征性的造型，再现了古代人类文化的辉煌璀璨，也传达着一种历史的神秘美。

四、比例的和谐——人格的至善之美

艺术是人类情感表达的需要，无论是音乐还是文字、绘画，本质都是一样的，只是表达的方式不同而已。作为一种特殊的造型艺术，音乐符号在比例上展现的是一种和谐的美。在西方，早在古希腊时期，毕达哥拉斯学派就明确地提出了"美在和谐"的文艺主张。他们认为音乐是对立因素的和谐的统一，杂多导致统一，不协调导致协调。

有时，我们不得不惊叹于文明的相似性。当古希腊的思想家陷入"美的本质在和谐"的热潮之时，相对应的，中国所产生的思想则是孔子为代表的儒家所提出的"中庸之道"。我国古代建筑艺术自古以来都遵循一种比例上的和谐，而且其深受宗教思想、文化教育等影响，尤其是儒道文化的中庸思想。就苏州拙政园来说，那种咫尺山林、小中见大的布局给欣赏者一种和谐的美感。水池、假山、花草、树木、亭、台、楼、阁、廊、榭、堂，组合得那么恰到好处，似乎稍作改动便不再"和谐"。宗白华先生说："中庸是善的极峰，而不是善与恶的中间物。青年人血气方刚，偏粗暴。老年人过分考虑，偏于退缩。中年力盛时的刚健而温雅方是中庸。这个时期的人生才是美的人生，是生命美的所在。"如此说来，形式的和谐美指向一种人生的智慧，即正确、恰当、妥当地为人处世，这是一种中庸的智慧，最终指向一种善。总之，中庸的人生观其实是一种不偏不倚的美与善的和谐艺术。

第五章 中国传统文化审美的发展

第一节 中国传统文化与中国画审美之关系

我国具有5000多年的文化历史,形成了独具特色的传统文化,中国画作为中国古代历史的重要组成部分,深刻体现和反映着中国的传统文化。中国画形成与发展是中国精神文化发展的必然结果,在漫长的历史长河中,中国画伴随着社会的发展不断地创新发展,从一定程度上来说,中国画的创新发展丰富了中国的传统文化。

一、中国画蕴含了中国的传统文化

中国画形成与发展的实质是中国传统文化的体现,不同时代的中国画的发展、风格和特点都体现了当时的中国文化,中国画与中国的传统文化是密切相关、密不可分的。中国画从创始之日起就是与中国的传统文化相联系的,中国画的绘画原则就是根据古代"天人合一"的哲学思想和"道法自然"的意境追求所呈现的。

(一)中国画追求与自然的统一、和谐

中国画自古以来就追求与自然的和谐统一,在漫长的历史长河中,中国画形成了浓厚的中华文化沉淀，同时在不断创新发展过程中形成了独具特色的艺术风格和审美意蕴，其最高境界就是人与自然和谐统一，这种最高境界已经成为中国画的共识。人与自然和谐共生是我国传统文化的重要内容，中国画的最高境界正好回应了这一重要传统文化。由此可见，中国画自始至终就深刻体现和反映了中国古代的传统文化。

一幅优秀的中国画从其技法、内容、审美角度和形式等方面都需要体现人与自然和谐共生的意蕴。优秀的中国画需要达到画与人的情感和谐共鸣，如果一个画家所创作出来的画不能够达到这种效果，就不可能成为一幅优秀的中国画。画家要想实现自己的梦想，要想成为一名优秀的画家就必须从自然中去寻找灵感，所创作出来的最终作品要能够与自然和谐共生，只有这样，创作的作品才能够感动他人，才能够得到他人的欣赏，才能够具有审美的意蕴。否则，就不可能突破自我固有的缺陷，最终的作品就不具有价值，不具有审美意蕴。因此，中国画历来追求与自然的和谐统一。

（二）中国画注重画中的人文气息

我国古代文人追求的是诗、书、画、印，这些共同组成了中国古代文人特有的欣赏形式。为了弥合古代文人的欣赏特性，中国画注入了一定的人文气息。一幅优秀的中国画除了要与自然和谐统一之外，还要具有深厚的中国古代文化的人文气息。中国画在漫长的历史长河中经过发展创新已经形成了独具特色的画风风格，把欣赏者的欣赏形式诗、书、画、印纳入其中，形成了中国画的独有形式。中国传统文化重视人的情感，如果作画者只是从自身的角度来作画，最终的作品不可能成为优秀的作品，作画者必须在作品中体现中国传统文化中的人文气息，要欣赏者能够从画中有所感悟、有所启迪，这样的作品才能被称为一幅优秀的中国画。为了达到这种效果，中国画在漫长的发展过程中，伴随着历史的脚步，不断地进行创新发展，已经把中国传统文化中的人文气息纳入其中，从某种程度上更深刻地体现和反映着中国的传统文化。

二、中国的传统文化影响着中国画的发展

我国具有5000多年的文化历史，形成了独具特色传统的文化，中国画作为中国古代历史的重要组成部分，深刻体现和反映着中国的传统文化。中国画从最初的符号发展到今天已经形成了独具特色的文化符号和文化理论，已经成为中国文化的重要组成部分，中国传统文化始终影响着中国画的发展，尤其是中国传统的哲学思想和宗教文化对中国画的影响最深。

（一）中国传统的哲学思想对中国画的影响

我国5000多年的灿烂文化蕴含了丰富的哲学思想，在漫长的历史长河中，这些哲学思想深刻影响着人们的生活方法和生产方式，同时也影响着中国画的发展。中国画从创始之日起就深刻体现和反映着中国传统的文化，中国传统的哲学思想也贯穿其中，中国古代哲学思想中的主客体合一的思想深刻影响着中国画的审美取向，这种主体合一的哲学思想使得中国画在创作上具有方向，要求创作者追求一种和谐、自由的创作风格。中国传统哲学中的主客体合一的思想要求创作者必须摆脱尘世的束缚，要求创作者的身心专一、自由不受约束地进行作品的创作，这种传统的哲学思维深刻影响着中国画的

创新发展。

(二)中国古代的宗教文化对中国画的影响

宗教文化在我国古代占据了重要的地位,对中国传统文化影响较大。在我国漫长的历史长河中,佛学和道学对中国画的影响较大,佛学自汉朝传入中国之后,便深刻影响着人们的思想;同时佛学文化对中国画的影响也不容忽视。这种佛学文化对中国画的影响尤其是在唐宋以来更深,在这之后中国的画家深受佛学文化的影响,尤其是佛学中禅宗思想的影响,即直指"本心"、讲究悟境,使画家的创作风格得到了发展,由最初的审美转向了审美者内心的感悟。由于中国画在当时深受佛学文化的影响,使得中国画更注重画的内涵和精神意蕴,把中国画推向了更高的层次意境,从而形成了独具特色的中国画的艺术风格。

道学文化在中国古代的发展对中国的传统文化产生了巨大的影响,在道学文化中蕴含了丰富的哲学思想,其发展对中国画的发展影响也比较大。中国画的画风和画技,尤其是从线描技法到大写意技法的发展深受古代道学文化的影响,中国画追求的"师法自然""气韵生动"的思想都是源自道学文化。因此,中国古代的宗教文化对中国画的发展具有重要的影响,对中国画画风和画技的形成起到了巨大的作用。

中国画作为中国古代历史的重要组成部分,深刻体现和反映着中国的传统文化。中国画得形成与发展是中国精神文化发展的必然结果,在漫长的历史长河中,中国画伴随着社会的发展不断地创新发展,从一定程度上来说,中国画的创新发展丰富了中国的传统文化,中国画与中国的传统文化是密切相关、密不可分的。

第二节　中国传统园林的华夏文化审美底蕴

中国山水画讲究"山水以形媚道"，中国传统园林同样有"宛自天开"的审美境界和"以形媚道"的功用。中国传统园林既是中国传统审美思想的一个重要载体，也是中国传统宇宙观的物态化体现。通过这种具体的形象，士人们可以妙想迁得，实现对具体物态的超越，达到思想的深微之处，最终达到"天人合一"的境界。

在历史上，中国的审美意趣呈现出复式的发展方式：首先，以礼乐传统与隐逸思想并存为基础的审美意趣，以后加入了佛禅理念，有多义和融合的特点；其次，不同时段有不同的主流、非主流的呈现方式。除礼乐传统作为贯穿中国古代历史始终的脉络以外，不同时段也呈现出不同的总体倾向：两汉以儒家思想笼罩下的审美意趣为主，隐逸为辅；魏晋南北朝到唐末则以山林隐逸审美为主流；宋代之后则是儒释道共同施加影响，走向融合。本着便于园林造园意境的讨论，该研究的审美意趣以礼乐传统为一个部分，以三个时代具有鲜明倾向的审美情趣特点为另一部分进行梳理，分析它们对当时及以后园林意境营造的深厚影响。

一、礼乐文化审美及其在园林中的体现

作为中国古代思想意识的大宗，礼乐传统纵贯中国古代历史，古代中国审美意趣始终处在礼乐文化得笼罩下，礼乐传统的审美意趣是隐身在诗情画

意之下却又始终存在的。"揖让而治天下"是礼乐文化的终极目标,"兴观群怨""乐从和"是其主要的审美特征。礼乐传统中讲究的尊卑及其形式审美,人伦的和合,圆满,对圣数的偏好,"自然的人化"以及个体品德节操的崇尚,在园林审美意趣中都有很多体现。

(一)形式美及其在园林中的体现

古人认为天地有大德,基于天人感应的追求,人与天地合德是天经地义的。古人认为在天象中,北辰作为天枢,其他恒星围绕它旋转,那么,它们之间的尊卑关系就已经明确了,而自然在大地、在人世也应该有如此的关系。因此,人的社会自然应构建相应的组织形式。中国古代在天与地、天与人之间建立起了明确的对应关系,如尊卑主从、中轴中心、对称均衡、多样统一并逐渐发展出韵律与节奏、对比反复等,并以此为美。这种观念在《周礼·考工记》中有明确的体现,并规定着中国传统城市、建筑群的布局,涵盖所有有着礼制需求的地方,即使是佛寺、道观这些追求众生平等和个人修行的地方也不例外。北京故宫、颐和园宫殿区、佛香阁轴线以及江南私家园林居住区域无不带有强烈的礼乐文化主宰下的审美倾向。

(二)传统文化中蕴含的"和同"美

"日月迭璧,以垂丽天之象"。礼乐教育的目的就是让人们和敬、和顺、和亲,上古的礼乐文化一直有社会心理需求,礼乐文化自然以团圆、和谐、和睦、圆满为美,以"乐从和""一唱三叹""余韵不绝"等礼乐的培育来构成有序、团圆的美满社会格局。这是华夏美学中的一个基础性心理需求。同时,乐还有"天地应焉,四时和焉,星辰理焉,万物育焉"的追求,所以礼乐传统中的喟叹总是以比兴的方式,将周遭环境的客观事物一并加入到自己的情感之中,达成物我交融。此外,见微知著,通过对事物深入、细微的观察领悟宇宙真谛,如"鸢飞戾天,鱼跃于渊",在《中庸》中解释其目的是"察乎天地"。可以看出,这种比兴的方法带有强烈的审美倾向,有着悠久的传统。

中国传统园林中,苑囿的一大功能就是"兴观群怨",与民同乐。苑囿本身就是鲜活的真实环境,其特质就是"天人合一"观念下的客观性和抽象性的圆融与统一。颐和园中有一宏大构景:铜牛与耕织图隔昆明湖东西两岸遥相对应,天上人间的理想都涵盖其中,令人回味无穷;网师园小涧石壁命名"槃涧",让人联想到久远的"考槃在涧,硕人之宽"蕴含的深意,而秋霞圃中景点直接题名为"鸢飞鱼跃",让人去体味礼乐文化深厚的底蕴和久远的文化传统。

(三)传统文化中蕴含的圣数的美感

礼乐文化早期形成了天象、地理与数字之间的神秘联系,就是所谓的"圣数",它体现着古人对天地宇宙理解的一个侧面。从最初的八卦、五行、阴阳等逐渐衍生成了以数字概括宇宙的数字体系,如"一生二,二生三,三生万物"。此外,有很多以数字来高度概括的哲学思想术语,如三——天、地、人三才,四——四象、四风、四季等,五——五行、五味、五色等,六——八卦中的地数、阴爻最大值、六合,七——《黄帝内经》中为女性的年龄的基数,八——八卦、八方、《黄帝内经》中男性的年龄基数,九——八卦中的天数、阳爻的极大值以及其复合乘数三十六(三十六景)、五十(大衍之数)、六十四(八卦复挂数目)等,这些以数字加主旨的方式为华夏文化特有的数理审美形式。

这种圣数的影响在传统园林中,尤其是皇家园林和传统风景名胜区的景点排布方面也容易形成对景区的圆满的吉祥要求,诸如"西湖十景""燕京八景""圆明园四十景""避暑山庄七十二景"等,有圆满、完整的寓意在其中,可使人们对其有总体把握,给人以整体的审美印象。

二、三个不同时段审美特征在园林中的观照

(一)儒家天人观的审美观照

儒家文化自汉代开始始终是古代中国官方意识形态的支柱。孔子在礼乐文化得基础上发展了"仁"的思想理念,在礼乐文化的集体意识里发掘出了人的主体意识,强化了"仁"的文化审美。儒家从孔子的"原儒"开始,到宋明理学、心学的发展、丰富与完善,它的审美观依然以美善为主、仁为核心。

孔子的"仁"本身就是审美,认为人生最高境界就是审美。华夏传统中对"天"的理解也是非概念所能限定的,就中国"天人合一"的最高境界而言,"仁"的多重内涵与天多义的"大德"相合节,人的审美就达到了最高境界。在居、游两宜的园林之中体现其审美内涵是情理之中的要求。儒家审美有以下几个主要方面。

1.儒家"天地大化流行"的感悟和造园

孔子"见大水必观",从中悟到天地大化流行"逝者如斯"的奥秘。儒家审美将时空流动性的抽象以"流动的线"表达出来,转化为可把握的形象。

华夏文化中各个门类的艺术中都有对时空流动和穿织的抽象表达，如美妙的声线可使人感到"绕梁三日，余音不绝"，书画中墨线的起落顿止都是时间的艺术，人在传统园林空间中的漫游和穿行等。这样，人们可以从动中体悟到"静"，在静中观察到"动"，进而把握住时空流转、"周流六虚"的永恒之美。

中国传统园林尤其注重空间的流动，虚而不隔，内外交融。它在有限的空间范围内表达出山重水复的意象，这正是中国传统审美对宇宙运行的感悟。此外，园林中有局部景点以此点题或是对这个主题加以延伸，如拙政园梧竹幽居的"动观流水静观山""志清意远"等。

2. 君子的人伦之美在造园中的映射

孔子曾经夸赞颜回子曰："一箪食，一瓢饮，在陋巷。人不堪其忧，回也不改其乐。"孔子自己则"饭疏食饮水，曲肱而枕之""乐亦在其中"，这种安贫乐道的生活态度体现了君子高尚的道德情操，展示了更高的精神层面。这种以求道为善的节操对中国后世的精神影响至深。很多中国传统园林中都有"孔颜乐处"的主题节点，其主旨就是弘扬"士"的高尚节操，寓教于乐。

儒家有以中正平和为宗旨的高尚的精神愉悦和风雅的艺术情怀。曾晳"浴乎沂，风乎舞雩，咏而归"，这种暮春之际在舞雩台（祈雨场所）咏诗而归、春风化雨之美，就是东晋兰亭曲水流觞的上古渊源。这种情与雅的水乳交融是人性和自然的人化，是情感的浓缩迸发进而转化为艺术的过程。拙政园玲珑馆楹联"林阴清和，兰言曲畅；流水今日，修竹古时"，即为《兰亭集序》集字联。

3. 浩然的山水情怀与造园

儒家将天地的大德推广到人与周遭环境的比德，其中既有仁山智水的欣慰，也有松柏后凋的君子之风。中国传统园林中，取意于仁山智水的兼顾伦理和艺术的有很多，如"乐寿堂""仁寿殿""仁以山悦"等，"仁者乐山"主题历来受皇家园林所崇尚。扬仁风、延南薰、延薰山馆也是对"原儒"精神的继承和发展。在植物方面，士人从松柏后凋逐渐发展出了有品格寓意的竹（君子刚直虚怀）、梅（铁骨铮铮，傲霜立雪）、菊（菊的高洁悠远）、兰（兰的高洁与傲骨）、莲（莲出淤泥而不染）等，被人们赋予不同的美德和寓意，用于文人士大夫的园林中，作为高尚道德的化身。在士人的一方小天地中，这些都是习见的植物题材。

（二）华夏文化中蕴含的隐逸趋向的审美

隐逸思想是中国古代思想的重要组成部分，与礼乐思想相反互补。隐逸思想的审美取向长久以来影响着中国的整个审美体系。隐逸思想来自人对自然山水与生俱来的亲和性，这种天性是超越文化范畴的。栖迟丘壑的隐逸思想在形成礼乐传统之时已经反向产生。"衡门之下，可以栖迟。"隐逸人士群体要求更为高蹈、有独立遗世的人格精神、对个性性灵要求更为自由。孔子在失意之余也曾说："道不行，乘桴浮于海。"隐逸阶层或高蹈凌虚，或狂放不羁，趣味高洁，崇尚自然，在审美上有独特品位。魏晋时代，隐逸的姿态成为社会主流，成为士人标榜自己的重要手段。隐逸文化审美主要有以下几个方面。

1. 超以象外，寻求天地之大美

庄子的哲学思想体现了隐逸人士向往达到"游乎四海之外"的"藐姑射山神人"的境界，希望自己"出入六合，游乎九州"，能够"独有"，从而与天相合而为一，悟到"天乐"的境界。在个人修为上，隐士希望通过"心斋""坐忘"的自我修行达到"虚室生白，吉祥止止"的光明境界。

隐士大多崇尚抱朴见素、返璞归真的生活态度。庄子的理想即化身蝶、鱼，神游意外。隐士的思想境界是以个人精神与天地直接对话，进而认识到宇宙的浩荡大美："望秋云神飞扬，临春风思浩荡。"隐士对于世事的态度是崇尚自然无为，对于自然的情愫是浪漫的。"人皆取实，己独取虚"，隐士希望通过对虚的追求达成对无限的美的拥有，最终攀上"独与天地精神往来，而不敖倪于万物"的精神高峰。

中国园林中讲求以"虚"的水、天空的巧思构图，以有限的物力在有限的空间和元素组织中获得无限宇宙的体验，这点无疑是来自隐逸思想的启迪。传统园林中有隐逸意味的佳例非常多，如集虚斋（网师园），取意于《庄子·人世间》"唯道集虚"；月到风来亭（网师园）的意境来源于邵雍《清夜吟》"月到天心处，风来水面时。一般清意味，料得少人知"，诗里隐含着玄妙的宇宙意味；得其环中（狮子林）取自《庄子·齐物论》"枢始得其环中，以应无穷"之意。

2. 栖身林泉，与山水共美

隐士栖岩饮谷，倾心于山林之美，他们对此是欣然而喜的情怀："山林与，皋壤与，使我欣欣然而乐与！"晋室南渡后，华夏审美进入了一个新的重要阶段——山水审美。悠游山水，临流赋诗的活动使士人的风度美和山水美相得益彰。士人在山水间"仰观宇宙之大，俯察品类之盛，游目骋怀，极视听之娱",获得了"卒当以乐死"的精神愉悦。士人们或仕或隐,或时仕时隐,都和山水的自然美结下不解之缘。

隐逸者承接古风,以清高出世的姿态独处山林。名僧康僧渊"立精舍。旁连岭,带长川,芳林列于轩庭,清流激于堂宇。乃闲居研讲,希心理味",戴颙在吴下"聚石引水,植林开涧,少时繁密,有若自然"。在文化修养和审美趣味上,对道玄与佛禅的推究、思辨以及对自然山水的向往成为隐逸者共同的品位。

传统园林中取意于隐士栖居山石林泉的例子很多,可以栖迟(网师园网师小筑)取意"衡门之下,可以栖迟";小山丛桂取意于淮南小山的《招隐士》;一丘一壑(拙政园)来源于《汉书·叙传上》"渔钓于一壑,则万物不奸其志;栖迟于一丘,则天下不易其乐";山水间(耦园)取意于《醉翁亭记》"在乎山水之间也"等。

3. "带月荷锄归"的田园之美

陶渊明的《桃花源记》给后人幻化出一个理想的田园生活场景,在这个"不知有汉,无论魏晋"的壶中天地中呈现出永恒的和平宁静,这个意象弥足珍贵。恬淡平实的田园生活使隐士多了对大道的体味,对生活的审美:"晨兴理荒秽,带月荷锄归""采菊东篱下,悠然见南山"。人和天道合一,按着天时顺序劳作,惬意于耕读生活,时常"登东皋以舒啸,临清流而赋诗",这是达到乐尽天命的理想的田园生涯。

田园生活有其独特的诗情画意:朴实无华、意象深远,没有刻意的追求,只是顺其自然地有序生活。这种"抱拙归园田"的审美意趣在魏晋以后的一代代士人的心灵深处得到久远的回响和共鸣。

（三）华夏文化中蕴含的圆融审美

中国唐代形成儒、道、佛三家思想并立的格局，在佛家思想的砥砺下，儒家撷取佛、道思想精华，学习佛家精密的推理，自宋代开始重新成为中国主流思想意识，在审美层面上则呈现包罗万象、发其宏旨、探其幽微、精深细致的新面貌。近古的数百年间，中国传统思想呈现出一些与以往不同的特点。

1. 思想包容性更强，呈现出洒脱达观的美感

儒、释、道三家思想统一在中国"天人合一"的传统观念之下，呈现出相互借鉴、彼此融合的格局。中国先前的传统思想充实了佛家空、寂思想成分的宇宙观，士人孤愤的心田也得到了慈悲心怀的浸润，他们能够在比以往更广大的思想背景下、更高的思想层面上探索人生智慧，追问天道，自我解答人生责任与解脱的和谐关系。

2. 在条理和层次方面新增了审美内容

儒家吸纳了佛家的思维理路，重塑了儒家的思想体系。这个时期开始，本土的儒家、道家文化均开始具备体系性的特征。理学中注重发幽探微、格物致知，进而体味大道的治学精神，将中国传统审美带入了"一砂一世界，一花一天堂"的精微妙境。工笔花鸟、残山剩水以及画论体系化可以说也是审美逻辑化、严密化过程的丰硕成果。

这种思维方式也有益于中国传统园林的布局构思，中国传统园林摆脱了法天象地的简单的"象"的写形，超越了"有若自然"的直观，开始对美的形态直抒胸臆，从人的逻辑出发去构建心中真正的胜境。如宋代艮岳造园得

益于宏大与精微兼具的设计理路，终成"邱壑林塘，杰若画本"的绝代盛况。

3. 审美取向的兼容并蓄成为新的审美特色

士人们以在社会生活中实现人生的圆满为终极境界，并以超脱的态度去看待礼乐、隐逸两者的关系，审美视野更加广阔精深，达到圆融的境界。以白居易"中隐"廛市为标志而开辟的"城市山林"园居方式成为自北宋开始，士人园居生活的最普遍方式，而文采灿烂的名士大多号为居士，显见受到佛、道家影响。

在以后的传统园林作品中，儒道佛融通的例子也有很多：看山楼（苏州沧浪亭）取自"看山是山"的禅宗公案，听香（狮子林绿玉青瑶之馆）是妙用佛家通感的佳例，闻木樨香（留园闻木樨香轩）则化用了宋代晦堂法师点悟黄庭坚禅理的典故。佛家思想与道家的格义、与儒家的砥砺，其结果就是使中国的思想界有了浓重的智慧色彩。

中国传统文化中审美意趣的不同取向在不同时段各擅胜场。它们来自同一个起点，同样始于天人之际的探索；经过不同的思想历程，最终又回到"天人合一"，熔为一炉。中国思想上的审美过程是从"绘事后素"到"素以为绚"，自"超以象外"而"得其环中"的过程。这种审美因其"不逾矩"，反而能够"从心所欲"，达成了审美上的往复不尽的效果，这是中国审美有别于西方传统的鲜明特点。

传统园林的意趣由审美取向所涵养，不同的审美品位产生出不同风格的园林作品。中国传统思想下的审美过程历经礼乐传统、儒家精神和隐逸思想的探索，经佛禅思想的砥砺，最终形成了融合的蔚然大观。这种审美趣味的融合最终使大山堂堂与岸芷汀花能够呈现在同一个成功的园林作品中，真正体现出中国传统文化的精髓。

第三节　中国传统文化与建筑审美

建筑是文化艺术的重要门类，它体现了一个民族的智慧与审美。建筑从形式上划分，基本上有两类：一类主要用石头建造的，叫"石构建筑"；另一类主要用木头建造的，叫"木构建筑"。与西方建筑的石头几何造型结构不同，中国的建筑体系是以木结构为特色，以曲线造型为特征的建筑艺术。多姿多态的木构造型是力学与美学的完美结合。在木构结构的建筑中，全部的承重功能都由梁柱承担，而且结构全部外露，功能与审美合二为一。这种木构结构得形成与中国古代的社会形态和文化背景有密切关系。

古代中国是以农耕为主的社会体系，儒家道家佛家共同影响着人们的思想。在古代，人们更醉心于田园的风味和情调。从今天的人文科学看来，中国的木构建筑似乎更接近自然，更亲近人性。事实上虽然"天人合一"思想为儒道共同推崇，但两家各有不同。儒家注重的是群己和谐，即个体对群体的适应，并将"天人合一"的重心落在道德主体的自我反省、自我实现的努力"践仁"的功夫之上。道家则强调人与自然的协调，在道的基础上建立"天人合一"，即道人合一。合一的基础是人对道的认同，人对自我的觉悟。由于"天人合一"思想在儒道两家有着不同意义指归，所以在民居建筑的具体表现上也有所不同。儒家强调的是个体对群体的适应，这种思想我们可以透过汉族合院式民居建筑的布局得到直观而形象的理解。如北京的四合院、浙江的"十三间头式"、闽西的围楼、赣南的围屋、粤北的围垅屋、苏州的"四水归堂式"等。这种布局和空间组合的广泛性和普遍性也表明儒家思想对中国传统民居的影响的主流地位。

与儒家相异,道家的"天人合一"追求的是人与自然的和谐及其天然真趣之境界。这种思想对传统民居特别是具有较好水系环境的古村落布局有巨大影响。儒道两家对"天人合一"思想的不同阐释,在中国传统民居的历史发展中都得到了具体的表现。就传统民居建筑的环境观而言,则构成了殊途同归的"天人合一"的环境理想。儒家"天人合一"的落脚点在主体性和道德性上,注重建筑环境的人伦道德之审美文化内涵的表达。儒家"天人合一"的环境理想追求则表现为强化和突出建筑与环境的整一和合,以及建筑平面布局和空间组织结构的群体性、集中性、秩序性和教化性。透过中国传统民居尤其是汉族民居的村落布局和建筑空间组织,我们可深切而强烈地感受到威严崇高的集中性、井然鲜明的秩序性、礼乐相济的教化性。此外,传统民居的装饰装修和细部处理,也多以历史典故、神话传说、民间习俗为题材,常用人们熟知的人物图案,借此达到道德教化的目的。

道家"天人合一"的环境理想同样深刻地影响着古代中国的建筑意匠。它一方面表现为追求模拟自然的淡雅质朴之美,另一方面表现为注重对自然的直接因借,与山水环境契合无间。古往今来,不乏这种环境理想的具体表现。古代楚都南郢北依纪山,西接八岭山,东傍雨台山,南濒长江,真可谓水萦山绕,天造地设。又如,云南的丽江古城,生于自然,融于环境,契合山形水势,布局自由。道路街巷随水渠曲直而赋形,房屋建筑沿地势高低而组合,宛自天成,别具匠心,给人以自然质朴、舒旷悠远之美感。传统建筑不仅受到传统文化的影响,也受到传统思维方式的影响。思维方式是文化精神和民族智慧的重要方面。中国传统文化的思维方式具有两个突出特点：直觉体悟的直观性和观物取象的象征性。这种整体直观的思维方法表现在主体对客体的认识方面，在于直觉体悟而不是明晰的逻辑把握。儒道佛三家都是如此，以对象为整体，或诉诸经验，或推崇直觉，或讲究顿悟；而且都把主客体当下的冥合体验推到极致。无论儒家的道德直觉，还是道家的艺术直觉，抑或佛家的宗教直觉，都主张直觉地把握宇宙人生的全体和真谛。观物取像的象征性思维是指用具体事物或直观表象表示某种抽象概念、思想感情或意境的思维形式。这种象征性思维不仅表现在古人对植物的欣赏赞美中，在古代居室文化和建筑民俗中也有着广泛而多样的表现。中国传统民居建筑是中国传统文化的缩影，它直观地表现了中国传统文化的价值系统、民族心理、思维方式和审美情趣。

中国古民居建筑大多依山傍水、顺应自然，具有浑朴简约、造型独特、富于变化、精雕细刻等特点。这反映了中国古代传统文化的审美观念和审美情趣，反映了传统文化的致用性、教化性。

总之，透过中国传统民居建筑，我们可以形象而深切地感受到中国传统文化的影响是极其广泛、相当深刻的。而中国传统文化在建筑方面的表现和应用，只是很小一部分，其博大精深，足以使中国人引以荣耀和自豪。

第四节　自然在中国传统文化中的审美意象

"自然"在中国古典美学中具有核心范畴，对自然的审美观照的产生过程也是中国美学迥乎西方美学的一个不同之处，深层次折射出中国传统文化中独特的诗性智慧的思维方式。在中国美学史中，"自然"一方面是独立自在的本性存在，另一方面，作为审美观照的对象，"自然"则是中国传统文化中充满感性、情感、意志的生命意识的存在，且时时刻刻与审美主体情感相通、志趣相投；艺术创作之中则更是把自然的时空构造而产生的意境之美当作自然审美的最高追求。

一、自然：自在已然的存在

从中国语言文字的发展历史来看，自从有文字可考开始，"自然"作为与人类共存共生的宇宙本体的存在，而与西方或现代理解的那个被审视、被改造、被观察的，与人类相对而在的异己的客体对象的"自然事物的集体"的概念完全不一样，对"自然"的独特理解反映出了中国传统文化特有的诗性思维。

作为词语的"自然"最早见于道家经典《老子》中，并作为一个核心意象贯穿于道家文化的始终。"有物混成，先天地生，寂兮廖兮，独立不改，周行不殆，可以为天下母。吾不知其名，字之曰'道'，强为之曰'大'……人法地、地法天、天法道、道法自然。"（《老子》第二十五章）"道生一，一生二，二生三，三生万物。"（《老子》第四十二章）"道"是老子哲学的本源，然而"道法自然"，由此可见，"自然"则是"道"之"道"，是"道"的主体、核心，是老子哲学观的核心。"是以圣人无为故无败……以辅万物之自然而不敢为"，"自然"是"自由本然""无为而在"的情态。

"道"既不属于天，也不属于地，它是先天地而生，是天地万物生长的总源，它支配万物却不是有意为之，而是自然如此，"无为而无不为"。"自然"则是自然已然的存在,有其自身独立的价值。首先,自然万物是运行不息,循环不已,是自然而然的存在,不依赖与外力或神灵的存在,具有独立的品性;其次,自然也不为人而存在,"参天地,赞化育""天行有常,不为尧存,不为桀亡"。自然的价值是人的价值不同的存在,人能决定自然的价值,更不能影响自然自身的存在方式;再次,人也只是自然的一部分,人从自然中来,顺应自然的存在方式即是生命的存在方式。自在已然的存在的自然观则具有深邃丰富的内涵:一方面作为哲学本源的自然观营造了硕大无朋的宇宙空间,看似混沌,实则圆融的时空意识;"道生万物""道法自然"的演进过程,生生不息的世间万物的循环其中,个体性情,群体生命则是其中运行不殆的一个现象而已;另一方面,生生不息的自然是有情感意志和生命意识的。"自然"在中国古典美学中是作为哲学基础同时也是审美主体、对象而存在中国传统文化、思维及艺术创作中,深深地影响着中国文化的发展。诚然,自然审美从中国民族审美的源头《诗经》之始就已经成为中国古代审美意识的源头活水,一直以来占据着中国古典美学中一个核心地位。

二、自然:赋予生命意识的存在

中国古代的文化语境中,"自然"不仅是有厚度的,还是有温度的,体现着人类丰富的情感。从盘古开天地的神话传说始,自然万物则是作为富有灵魂的存在,世间万物也是与人的生命气息相通。《庄子·齐物论》中说:"天地与我并生,万物与我为一。"个体与自然浑然如一、处于亲和状态。在这里,"自然"引申为一种人生态度,这种人生态度要求人的生存方式与自然本性相符合。古代中国人把对自然的深厚感情通过诗词、绘画等艺术形式呈现出来。反复咏叹、描绘自然万物之美，畅游山水，抒发性情，寄托理想，甚至把拥抱自然，天人合一作为人生至上的境界。在中国古典美学中，"自然"具有独立的人格主题，"自然"充满了道德意识、情感意识、生命意识。

孔子赋予"自然"伦理道德的至善之美，通过儒家的"比德说"，我们清楚地看到，儒家自然山水观中的审美观照。"子在川上曰：逝者如斯夫，不舍昼夜。"（《论语·子罕》）"知者乐水，仁者乐山，知者动，仁者静。知者乐，仁者寿。"（《论语·雍也》）知者的敏于思考，捷于行动的特质与水的川流不息、奔流不止的动态；仁者的扩大胸襟、宽厚慈爱的精神与山的巍峨高大、肃然不动的静态相互审视观照。在审美过程中，作为审美主体的个体和审美客体的"自然"都发生着相互的作用。主体通过审美赋予"自然"以生命特质，同时"自然"也直观地表达了主体的精神意志。孔子的"比德说"对后世艺术创作产生了深远影响，"君子比德于玉"，梅、兰、菊、竹为君子自喻的意象等，作为特有意味的审美意象深深扎根于中国文化心理之中。

在欣赏自然的过程中，自然之美主要在于感发和契合心情时才能得到一种心理的愉悦。审美主体在自然观照之中把主观意志和个性特征通过审美赋予自然个性意识。这样就出现相同的自然物在不同的人面前会引起不同的感受，唤起不同的联想，不同的情志。同时，相同的景物在相同的人面前，在不同的时候，也会引起不同的审美感受和联想，即所谓："一切景语皆情语。"于是乎古人云，"登山则志高于山，观海则情溢于海"，杜甫有"感时花溅泪，恨别鸟惊心"，景由情生。在审美观照中的自然景物因为审美主体的主观意志、个性情绪的变化而外涉于自然之物，呈现出不同的情感温度，正所谓自然与人的情感形成了同形同构的关系，在长期的审美观照过程中，形成了中国典型的自然审美观。诗词、绘画的艺术创作中,自然都不乏是其中重要的课题,人们艺术追求的最高境界。郭熙《林泉高致》中说:"春山憺冶而如笑,夏山苍翠而如滴,秋山明净而如妆,冬山惨淡而如睡。"自然四时之变化与人的生命气息相贯通,呈现出自然的勃勃生机,同时赋予生命的无限意蕴,在自然与生命的律动之中体验无穷的审美乐趣。清人戴熙《习苦斋题画》中说:"春山如美人,夏山如猛将,秋山如高人,冬山如老衲。"山的四时之美则由人生不同状态折射而成,在画家的眼中,自然与人类生命息息相通,这就使天、地、山、水进入了情感化的境界。在中国的田园、山水诗词,山水画中真正体会的是人与自然的圆融为一,物与我相忘的情态,大自然向人敞开了胸怀,人在拥抱自然的过程中产生了一种精神的愉悦和情感的归依。诗人眼中的山水自然、画家笔下的自然都充满灵性的存在。正如宗白华所说:"中国人这只画笔,开始于一画,界破了虚空,流下了笔迹,既流出了人心之美,也流出了万象之美。"

三、意境:自然审美的至境

"意境"作为一个概念,自唐代始已经有过论述,王国维将其全面化、系统化进行了阐述。他认为在文学创作中,"原夫文学之所以有意境者,以其能观也。出于观我者,意余于境。出于观物者,境多于意"(《人间词话》)。正所谓意由境显,境由意生,进一步强调:"词以境界为最上。有境界则自成高格,自有名句。"(《人间词话》)可见,"意境"的形成乃是诗词之中审美的极高状态,也是中国古典美学独有的美学范畴。从"有我之境"到"无我之境"的跨越。从"以我观物"到"以物观物"的演进,显然是个"情中景""景中情"相融相伴的情态。纵观中国传统文化,"自然"从来就不是孤立的存在,从远古时代对自然力的原始崇拜之始,自然就承载着群体的命运,寄托着个体的情感。庄子的"天地与我为一,万物与我共生"的"天人合一"充满哲理的宇宙意识自然观,从本源意义上,为自然审美提供了恢宏阔大的时空概念。从微观层面来说,自然则与个体性情相感应,一方面自然的变化会引发审美主体心情的变化,"春秋代序,阴阳惨舒,物色之动,心亦摇焉……情以物迁,辞以情发"(刘勰《文心雕龙·物色》),情由四时变化或喜或悲。另一方面个体的喜悲之情也给自然涂抹上一层或喜或悲之色。"泪眼问花花不语,乱红飞过秋千去","自然"作为与人类相伴相随的知音,时刻慰藉着人们的心灵,从艺术创作的最高层面来看,自然审美的最高追求的意境生成。

"以物观物"的审美观照中,审美主体完全摒弃了个体的情感得失,完全消融在物象营造的审美至境中。而这种审美至境的获得也是中国传统儒释道文化长期融汇合流的产物。儒家的比德说之自然的道德之美,道家的物我两忘的哲理之思,禅宗的玄远妙悟的境界,所谓"法不孤生,仗境而生""心须不孤生,心缘外境"。而在自然审美之中,在诗词、绘画的极美追寻过程中,由意境的生成,审美主体的情感的变迁,悲秋伤春之情得以寄托而消融万物的物象之美,而得以解脱,带给个体以精神的愉悦和心灵的慰藉;同时自然之物则摆脱了被主体涂抹的情感色彩,变为自由自在的本真的情态而越发多姿。王维的诗句其中禅境玄意最浓,也就是说王维笔下的自然物象益发的清新脱俗:"独坐幽篁里,弹琴复长啸。深林人不知,明月来相照。"(《竹里馆》)"空山不见人,但闻人语响。返景入深林,复照青苔上。"(《鹿柴》)"人闲桂花落,夜静春山空。月出惊山鸟,时鸣春涧中。"(《鸟鸣涧》)张法对王维的这几首诗有过精辟的论述:"在这里,人是孤独的,是自我选择的孤独,就是要获得离开尘世的孤独。其实并不孤独,他与自然为侣,桂花、山鸟、幽篁、明月都是他的伴侣,他正是在这孤独里体味着自然与自我,他的自我也渐渐融入自然之中,与自然一体达到一种无我的境界。"同时自然之物变得更加的寂静玄远,人与物消融共生在这种禅境之中而恒久。

纵观中国传统文化,"自然"在中国古典美学之中是其核心范畴,因为"自然"有其自身的文化价值和审美特质。从老庄的"道法自然""天地与我为一,万物与我并生"的宇宙时空的哲理之思开始,"自然"绝不是异己的而是伴侣性的、自由自在的情态的存在着,并进入中国古代诗词、绘画等艺术之中,自然的独立价值更是在个体情感的慰藉、群体的心灵寄托中呈现出无限美妙的情感状态和生命态势。自然是充满情感、道德意识的丰富的生命存在。在儒道释文化的长期合流历程中,自然越发彰显了极高的审美价值。自然审美的过程中,真正追求着物我两相忘情、天人合一的状态,这种意境的生成对中国古典美学产生了深远的影响。

第六章 中国传统文化审美的应用研究

第一节 中国传统文化艺术与产品形态的审美传承

文化是人类精神活动和实际活动的方式及其物质与精神成果的总和。从结构要素看,文化不仅包括作为知识形态的哲学、宗教和各门具体科学以及蕴含于这些学科之中的思维方式,同时也包括作为非知识形态的社会心理、风俗习惯和民族精神等。文化艺术作为一种观念形态的表现形式,必然植根于社会生活的深层土壤之中,而"各个民族文化的差异性,是那些民族所处的地理环境,所从事的物质生存方式,所建立的社会组织形态的多样性造成。"因此,要把握中国传统文化艺术的基本特征,必须紧扣中华民族文化的实际进行分析。中华五千年的文明史,虽然到了现代社会人们统称它为传统文化,但应该注意的是,中华文明在五千年的发展历程中所形成的审美文化和精神意境是不尽相同的,在不同审美观念的指引下,已形成了不同历史时期不同风格式样的工艺美术瑰宝。在崇尚多元化设计的今天,批判地传承中华文明历史中不同时期的元素,将创新出各种不同的风格,满足大众的审美需求。经过传统工艺文化浸润并与大工业生产相融合而发展起来的更具科学和审美意义的现代产品形态设计,直接反映了人们的生活和审美理念,成为物质生活与精神审美的载体。

一、中国传统文化艺术与产品形态的关系

产品形态是产品造型信息的主要载体之一，是设计师向受众传达思想和理念的物化，更是产品文化、身份的精神象征，是赢得受众心理共鸣的设计语意表现形式。形态是产品造型的总体"品行"，即"外形"与"神态"的综合体。一个优秀、成功的产品形态，美的外形只是一个必要条件，还需有一个与之相匹配、蕴含其中的"精神势态"，即"形神兼备"。这种精神将来自一个民族的传统文化，它通过产品形态的设计语意生生不息地进行传承与发扬光大。

传统文化艺术融入产品形态，在本能设计层次上是以具体、清晰的符号元素出现。但这种符号不是生搬硬套，更不是肤浅的理解和简单的模仿，而是从中国的传统文化元素和理念出发，借助传统元素形态，寻求最切合的符号语言以及现代的构成手法和科学技术，对传统和现代兼收并蓄，吐故纳新，对传统文化艺术进行分解、变革、拓展，再与形态设计有机融合，进而达到传统与现代、东方与西方文化的共存融合。由此，在现代产品形态设计中，设计师只有充分考虑不同时期的审美伦理，找出传统文化艺术的审美精神加以传承，才能形成具有传统艺术多姿多彩文化精神的中国现代产品形态设计风格。

二、中国传统文化艺术审美撷英

中国的传统文化艺术品类繁多，博大精深，主要涵盖工艺美术、中国画、

民间木偶、古老的热贡、皮影戏、麦杆画、中国刺绣、剪纸、中国结、风筝和民歌等门类。

（一）工艺美术

通常指美化生活用品和生活环境的造型艺术，它的突出特点是物质生产与美的创造相结合，以实用为主要目的，并具有审美特性。它既是物质产品，又具有不同程度精神方面的审美性，它反映着特定时代和特定社会的物质与文化的生产水平，其视觉形象（造型、色彩、装饰）体现了一定时代的审美观。中华民族祖先使用自然物"磨光"和"钻孔"等行为，不仅成为原始社会生产力不断提高的标志，更是设计能力和审美思维的开端。优美的陶器是新石器时代物质文化的重要特征之一，灿烂的"青铜时代"标志着中华民族工艺美术新纪元的到来，距今7000年的新石器时代的中国玉器代表了世界治玉用玉的最早水平，湖北出土的战国时期"木雕座屏"以其雕刻精细而被视为罕见的艺术珍品，从陶到瓷的创造成为世界文明飞跃的一个重大标志，中国古代的织造、缬染、刺绣和服饰工艺更是技艺精妙绝伦。

当代中国的工艺美术不但保持了原有品种的完整性，也随着科技文化、社会经济的不断进步而变革创新，既继承了其绝技与特艺，又注重科学研究，创新出丰富而具有时代审美气息的新品类。中国传统工艺美术以设计深厚的内涵思想、无穷的造型特色、鲜明的装饰风格和赋情寓意的手法，及一种美的升华形态孕育了中国现代产品形态的设计语意，并为其健康成长提供了丰富的养分。

（二）中国传统绘画

具有鲜明的民族形式、风格和极高的审美价值。"天人合一"的艺术精神，把人与自然、绘画与意境视为一个整体，抒发着超越时空的情怀。它的思想传达方式与设计艺术有异曲同工之妙。中国传统绘画主要指传统中国画，它在世界艺术领域自成体系，具有独特的民族风格。中国绘画造型所用的线犹如流动的音符，构成了中国绘画艺术的鲜明特色，"随类赋彩"是中国画的设色要领，重彩和勾金给色彩带来了极强的装饰性，"墨即是色"道出了传统绘画对色彩认识和使用的玄机，各式皴法表现出对物象肌理的再认识与再创造。中国画把丰富的客观事物浓缩到用艺术手段所塑造的典型形象之中，通过联想和经验、感知和认识使受众获得美的特征和情趣，它反映了人们与自然界动植物之间的审美关系，将物质的对象与主观心理相融通，创造出一种新的生命和形象的载体。

中国绘画与中国的设计艺术总是存在着一种相互渗透与互动的关系，共同创造了一个反映民族特征、传统品质与深厚文化内涵的完整艺术体系。拥有600年历史的传统工艺美术品——景泰蓝，又称"铜胎掐丝珐琅"，可谓国宝"京"粹。它造型各异，风格独特，技艺精湛，制作讲究，分瓶、碗、盘、尊、兽、罐、仿古制品等系列，是鉴赏收藏、馈赠友人、家居装饰品味较高的工艺品，更是中国绘画与中国的设计艺术完美结合。

三、中国现代产品形态的审美传承

（一）民族文化精神的审美传承

民族是在历史上长期形成的具有共同语言、地域、经济生活以及表现为共同文化和共同心理素质的稳定共同体。民族风格高度稳定地改变着人们的思想行为包括认知审美，成为一种世代相传的民族文化精神。现代产品的形态设计强调要体现产品的设计观念，不同地域、不同文化、不同时期背景下的设计师在感性设计过程中都具有先入为主的文化观念，民族文化精神直接影响着人们的感性认知和思考的标准，它在设计全球化趋势下渗透和传承着一个民族、一个地区群体根深蒂固的思维方式与审美习惯。"天人合一"的文化思想，把人与自然、艺术与意境视为一体，充满着与宇宙运动一脉相承的律动和神韵，抒发了超越时空的文化情怀，传播着宏大的民族文化精神。"巧"即为人之灵气、创意大胆、构思奇巧、加工技艺精巧、巧夺天工；"俏"为天之造化，充分利用造型材料天然俏色、纹理及质感，表现出逸趣天然的精神品质；"绝"为天人合一，使作品源于自然又高于自然，源于生活而高于生活，具有强烈的艺术感染力和震撼力，是一件高度融合了中国"天人合一"文化精神的形态设计作品。

（二）工艺美术品格和民族元素的审美传承

民族传统是一个民族的文化精神，它表现在创造物中则形成共同的风格和心态。民族艺术和传统文化是包括现代产品形态设计在内的现代艺术的源泉，设计民族品格的形成与文学、艺术及建筑的民族风格密切相关，它们都是民族精神、传统、审美心理等文化背景的真实反映。

现代产品形态设计批判地吸收了中国工艺美术和传统绘画中民族元素的美感，体现着深深的民族审美情愫和无穷的文化信息，以博大精深的审美法度、独特的形式美感、高超的技艺展示于世界。因此，集精神、境界、风格和技艺于一体的中国工艺美术和传统的民俗元素已成为提升现代产品形态设计的文化内涵，传承技艺经验、开阔想象思维和设计创新的灵魂和活力，而现代产品形态设计更是成为在科学与技术的实践中反映人的感知和认识世界的一种文化现象。

（三）设计伦理的审美传承

基于传统设计伦理的作用与影响，人们在审美过程中，不仅要对审美客体进行理智的分析与判断，而且偏重于主观领悟和直觉把握，成为与审美客体进行感情交流的体验者。中国人的审美强调"意"，所谓"意"就是审美对象的内在素质、审美对象的象征，相仿于模糊的中国美学原则，它类同于中国哲学中的"无"，不是没有，而是不好定义的意思。中国人认同的美是无法完全用比例、尺度之类的美学原则来概括，是需要意会而难以言传的。在现代产品形态设计中，不能完全照搬常规工艺美术的美学原则，应从设计个体的内在感受和心理体验入手进行设计，沿袭设计伦理之审美心理和审美特性，才能找到设计伦理传承之实质。

在传承中国传统文化艺术的现代产品形态设计中，重视自然和朴素相得益彰的人机界面情感设计，重视产品与使用者的心灵沟通，力求达到产品与使用者能够情景交融，则成为设计伦理审美传承的最好诠释。它将在设计创新时以唤起使用者对民族文化精神的心灵共鸣，使设计更贴近中国人的审美倾向，使设计作品和谐统一，充满人性化和情感性。

（四）中国设计品位的审美传承

设计的品位是其品质、文化、艺术等诸多因素的一个总和。真正的优秀设计不但要具备先进的科学和发达的社会生产条件，还要有鲜明的本土文化与艺术审美精髓。具有中国设计品位的审美要立足于产品的造型美、材质美、装饰美、功能美和时代美，从本土传统文化的积淀中挖掘民族美的元素，并加以发扬光大，了解、传承和融合中国传统文化艺术，才能构成现代产品形态设计具有美感的客观内容。

中国设计品位的审美作为一种社会意识，涉及设计对象审美价值的审美认识、审美反映、审美判断或审美评价。设计对象具有了审美价值，才有传承和发展的必要，才能展示出伟大的中华人文精神。由此可见，现代产品形态设计要建立起审美传承的良好机制就要从审美的本质出发，抓住美是人的社会意识这一根本点，探究设计客观存在的审美价值及设计品位的审美传承要义，将传统文化与当代时尚元素相融合，从当代我国民众的审美心理特性和审美精神中寻找最佳的传承点。

中国传统文化艺术是中华民族的艺术精髓，也是世界艺术的瑰宝，其观念形态、哲学道德、艺术和审美精神等诸多方面都深深地影响着当代产品的形态设计理念，而中国现代产品形态在我国古老文明、灿烂悠久的文化传承和世界先进的设计氛围影响下，也将传递民族强烈的情绪感染力及传统文化价值，使"中国创造"的现代产品形态设计谱写出崭新的篇章。

第二节　中国传统文化下的音乐审美思维

一个国家和一个民族的思维习惯对其审美意识的形成和发展起着不可低估的作用。艺术，自它诞生以来，就同人类自身紧密地结合在一起。人类对自身的认识从混沌到自觉经历了漫长的发展历程。当人类尚在混沌中，有许多现象无法证实时，他们把自己交给了上帝和神，而当人类已经开始自学后，他们就努力去探索自身存在的一切规律。中华民族的传统思维习惯决定了中国古代先哲奉行既对立又统一的思维方式，强调在理论上将矛盾双方的关系作为一种内在的和谐，在对立中寻找平衡，造就艺术。

一、传统审美追求下出现的合和思维

在人类审美发生的早期，审美思维的特点是"美"与"善"的同一性，这表现在古希腊时期的朴素辩证法上，即以美和善的和谐统一作为最高审美追求。十九世纪末以前的中国，思维方式基本与之相对应。

我国先秦时期儒家学派倡导的"礼乐思想"，老子崇尚的朴素自然、追求中和、提倡创新，庄子认为的主客体和谐产生美感等思想，都是用"乐"（情感）调和阶级矛盾，追求人类平衡、谐和发展的思想。两汉以后，虽有音乐对人的感情取决于审美主体的心境，音乐所唤起的情感体验实际上是乐者自身的，音乐并不表现人的情感而只能触发人的情感等思想的再现，但在总体上依然是"文以载道"的思想占主流。

宋代以后，随着佛教在中国的广泛影响，禅宗的哲学思想与道家一致，同时讲究"真空""妙有"才是无中之有,二者互相渗透。,禅宗以"庄严"和"妙"为美,讲体验,讲境界。受其影响,中国传统的艺术理论从意句论转向境论,在艺术中则表现为物质形式与精神内容的统一,其影响甚广,如对中国传统的古琴音乐创作就起了很大的作用。

明清以后,"见景生情……诉心中之不平……发狂大叫,流涕恸哭,不能自止,宁使见者闻者咬牙切齿,砍杀欲割,而终不忍藏于名山,投之水火""因情成梦,因梦成戏""世总为情,情生为歌"等感情美学思想的出现,一时成为当时审美追求的主流,与古代平衡、谐和的审美传统相对峙。但是,中国传统审美思维在总体的审美追求上,依然保持以体验和思辨为主的审美思维方式。

这样一来,在中国传统艺术理论中,"尚和"是一种基本的、贯彻始终的美学追求,这种审美思维方式和中华民族兼容并举的优良文化传统,使得中国传统音乐艺术处在一种独特的"合和"思维模式中。它表现为:对理性美学的追求中包含着感情美学的因素。真善美是既对立而又相互渗透为一体的,而不是相互克制和互不相容的,是一种"尚和"的美学法则。

例如,在中国传统戏曲中就形成了一种奔放与含蓄相互统一的艺术特色。奔放,是"激情"在歌唱中的艺术升华;含蓄来源与生活,升华为艺术,是中国传统戏曲表达激情的民族化、艺术化方式。戏曲艺术的声情是遵循"言之不足而歌咏之"的艺术创作规律,其言其志,都是剧中人物主观世界的表现,其之所以形之于歌咏,是由于激情奔放,言之不足。此歌,是人物内心世界的形象化。在这里,对象和主题,都已融入性格化、典型化的审美境界中了。

二、天地境界——合和思维的最高境界

在本质上看,"合和"思维是将人和自然、社会联系起来,将人类的道德、情感和外在的自然联系起来,使主体与客体通过各种途径达到合和统一,从而将自然人情化了,并赋予其人类的理性和情感色彩。它从根本上强调自然性的合一,道德性的合一,情感性的合一。这样一种合的关系,很显然具有审美意义。中国传统的"合和"思维是一种纯粹自由的心理状态,它通过道德、功利的合一而从情感上达到人与自然的彻底交融。只有达到合和的境界,人才能自由地把握自然规律,只有这样一种主客体全和的自由境界,才是一种纯的审美境界。

合和作为中国传统文化的思维模式,强调的是人与自然在审美上的合和化一。它所追求的目标是通过有形有限的艺术音乐达到无形无限的自然音乐,天地浑然一体的境界。正如王阳明在其艺术哲学中所表述的那样,"乐"是一种本身的、亦即理想的存在境界。"乐"作为个体生命的最高实现,是感悟与理性、自我与世界的同一。作为理想的存在境界,"乐"是以天地精神为核心的生命意识的呈现,它的对象是大象无形的天地境界或宇宙生命。在这个境界中,乐的真义就是人我内外,天地万物一气流通,"出入无时,莫知其乡",无限生意中的"与物无对"。至乐而非乐,在形有限的艺术音乐的意义不是它的孑然独立的完美,而是能使音乐进入无限生意的天地境界中。

三、天地境界——儒道乐论的最佳交汇点

众所周知,《庄子》是从道家指向自然立场,《乐记》是从儒家指向人

伦立场的。《庄子》的宗旨是"静而与阴同德，动而与阳同波"，其音乐思想是"太和"（神会无方）。《乐记》的宗旨是，"反情以和以志，广乐以成其教"，其音乐思想是"中和"（神人以和）。二者一主人伦，一尚自然；一以乐寻欲，求通于和静，一任性无为，求归于虚寂。这二者如何统一呢？

其实，儒家主张以乐节情，在人伦调和的基础上与天地同和；道家主张以乐逸情，荡涤尘俗而与天地同奏。以乐（乐教）和同于天地，是儒道的共同旨归——因为人伦与自然是人类存在不可割弃其一的两极。"曲变虽众，亦大同于和""然随曲之情，尽于和域"。声音无情，实际上是以"和"同于"情""情"归于"和"。并非是音乐不能感人情，但是，感人情是音乐的本义，音乐的本义是陶冶人心，净化情感，使之归于天地之情——无情而莫大之情——和。

这就把儒家的"中和"观念融入道家的"太和"之中。以天地为心，以寻常人生为乐。乐以和为本，和以同于天地为大和。即以意为重，乐不在管弦的音声；意在弦外，得意于弦外天地相合；至乐无乐，为乐之功当归于自我与天地生命的神气化合。总之，逸放心神而合于天地之和，大乐与天地同和，乃儒道两家文化阴阳相和，互济互补而成天地一体之仁的最佳汇合。而儒道两家乐论的殊途同归不正是在"合和"这一思维模式下的最好体现吗？

因此，合和思维不是二元对立的，不是"主客二分的"，更不是要理性就不要直觉，要直觉就不要理性，或是把一种本质的两种表现看成互不相容的独立面的思维方式。它是从整体思维和整体感受来把握美和艺术的，强调的是审美构成中各因素之间的配合与协调，是中国传统文化下的从对立面统一的观念出发的思维模式。

第三节 中国传统影雕艺术的审美文化与传承

众所周知，福建惠安石雕，是中国工艺美术中的一枝奇葩。它历史悠久、博大精深、渊源流长，在中国的历史上拥有独特地位。具有鲜明的民族风格和地方特色。而在众多种类的惠安石雕中，技艺最为精湛和出色的，当数被誉为"中华一绝"的惠安影雕艺术。

一、何谓影雕艺术

影雕艺术源于清代，由被闽南石雕艺匠尊为宗师的石雕大师李周发明的"针黑白"工艺演化而来，是一种利用黑白成像原理结合绘画技法而创造出的崭新的艺术表现形式。其特点是雕刻形象逼真，犹如摄影，因此而得名。

影雕艺术的主要工艺是以黑胆石或青斗石为原材料，先经过水磨抛光，使光度达80度以上，然后在石板上把要雕刻的图像轮廓描绘出来，再采用特制的合金钢针，用"点"的疏密、粗细、深浅和虚实的有机结合，精心雕琢，相应成像。将各类图案、相片完整、立体地表现出来。其技术含量高，集美术、雕刻为一体，不仅要求制作者手上的雕刻功夫，更要求对美术有深入的理解，其中尤以真人肖像难度最高。影雕艺术既有与摄影光学同等的艺术效果又能体现绘画笔触技法，独具艺术神韵。成品后的影雕画面显得自然、真实、立体感强，艺术表现力丰富，各种题材内容也无处不渗透生活，刻画传神、灵动、细致入微，充分展示了民族、民间的审美情趣。

在2006年，影雕艺术同惠安石雕一起被列为中国首批国家级非物质文化遗产，成为我国悠久历史的见证和中华文化的重要载体。作为一种以绘画为基础，雕刻为手段，能达到摄影效果的独特艺术形式，近年来影雕艺术的发展已经遍及国际舞台，蜚声海内外，深受许多国家元首、政要人物及影视名星、艺术大家的高度赞誉，成为当代人高层次的艺术追求和美的享受。

二、影雕艺术的审美与文化

成长于厚实的中国传统思想文化基础上的影雕艺术，集山川之灵气，融风俗文化之精华，把南派石雕精巧纤细的艺术特征发挥得淋漓尽致，体现出鲜明的地方文化特色和深厚的思想内涵。作为非物质文化遗产，更是蕴含着中华民族特有的精神价值、思维方式、想象力和文化审美意识。

（一）古朴典雅的传统材质寓意永恒之美

石材的历史最为悠久已我国以石头为材料，打造原始劳动工具，在旧石器时代就已出现，如石刀、石斧等，山顶洞人制做了最早的装饰艺术——串饰（项链），约1万年前，新石器时代出现了以各种优质石料制成的装饰品，如"环、镯、璧、璜、珠……"

石头本无言，是世代的能工巧匠开启了人类的智慧，将人们的丰富情感、美好企盼、宗教信仰、民间故事、神话传说、审美情趣寄托其中，以石为材，展开丰富的想象力和创造力。自古以来，多少人士为石雕艺术所折腰。其美在自然、古朴，象征和谐、长寿、永恒，从历代金雕玉镂的帝皇宫殿、木塑石刻的各类仙佛神庙、雕梁画栋的园林民舍中得到了充分的证实。石材雕刻这一完美的艺术，深得上至帝王将相，下至黎民百姓的厚爱。所谓庭院无石不秀、书房无石不雅、寺庙无石不古、墓园无石不诚,更加说明了这点。而石影雕艺术,更是历代传人们以石为纸写就的美好故事和美丽传说。石影雕最大的贡献莫过于打破了时空的界限,它不怕风吹雨淋,日光暴晒,可永久保存。避免了纸张木料年久发黄、褪色和腐蚀等缺点,让历史能与现代并立,让今人与古人做心灵的对话,犹如一个管窥历史的万花筒,传诵着中华民族的聪颖与传统美德。

(二)精雕细琢的娴熟技法再现国画之韵

影雕作画以针代笔,层层细雕,凿点成面。其勾点苍劲、超凡脱俗,犹如中国画风般古朴神韵。影雕艺术可以最大限度地对接、融合、表现历史、文化、艺术、国粹的神韵,达到天衣无缝、直击人心的艺术效果。这是影雕艺术所特有的,是别的艺术手段无法取代的。比如,中国画是以其特有的线条和笔墨技巧作为状物及传情达意的表现手段,用"勾""渲""染""点"的技法,以点、线、面的形式描绘对象的形貌、骨法、质地、光暗及情态神韵。不管是计白当黑、水墨交融的水墨画,还是细节入微、层层渲染的工笔画;不管是线条灵动、笔意墨象的名家书法,还是复现真实、借影还魂的精彩摄影作品;都可以用影雕艺术进行细致入微、形象逼真的,最有效、最直接、最便利、最完美的创作和再现,它不仅能充分地表现出原作的真实意境,而且能通过石雕独特的艺术风格,使祖国的名山大川、英雄人物,乃至世界各国的趣闻逸事,尽现在这小小的石板画面上。使影雕艺术这一富有中国传统民族特色的手工艺,与中国书法绘画文化息息相关,完美融合。

（三）灵活机变的表达与构图诠释民族艺术的机智与不朽

影雕艺术在表达和构图上，不仅能在薄如卡纸的石板上，也能在厚度至几十公分的石料上用铁笔自然勾画；既能雕琢出不亚于摄影作品般清晰逼真的图像，也能表现出书画家笔下惟妙惟肖的书法、篆刻、写意、工笔山水、人物、动物、花鸟鱼虫等作品。风晴雨雪、四时朝暮、古今人物、诗词书画既可以出现在同一幅壁画中，也可以按需要勾画雕琢在不同图幅之上。在用色上，既可以单纯用黑白对比来表现素墨淡彩的画面和景象，也可以通过色彩艳丽的颜料用浓墨重彩的方法来表现。它有素拙有艳丽、有坚劲有柔韵，是一种极富表现力和隽久生命力的艺术作品。而且，影雕作品的面积也可大可小。小者玩入股掌，大者数平方一幅，甚至可以雕琢几十、几百、上千平方米影雕壁画长廊。近年来上海的许多公共市政项目上就请专业的影雕技师人工雕琢了像《清明上河图》长卷、《百年上海》和千米影雕《文化长廊》等巨幅影雕壁画作品，还在不断刷新着影雕单幅和整体面积的记录，异彩纷呈，震撼人心！这也是近年来传统影雕艺术在实用性和艺术性上的双重突破，同时也标志着传统民族艺术不朽的艺术魅力和与时俱进的艺术朝气。

三、影雕艺术的传承与发展

传统影雕艺术体现了中国传统文化价值，也应该融入现代文化。随着时代的发展，社会的进步，人们正阔步走进新生活，生活质量和精神需求日益攀升，审美情趣有了新的感受、新的概念，已不再满足那些内容老套的作品和简单的表达形式。寓其意、乐其心，追求具有收藏价值、艺术价值及有时代气息的作品。所以对影雕艺术的传承与发展，要冷静分析和思考。创作从形式美发展到艺术美,从私人小空间发展到社会大环境是十分必要的。

(一)开拓新的应用领域、推广社会作用

传统的影雕作品以人物肖像、山水、动物、风景等单件小幅作品居多,以观赏收藏、家居装饰、办公点缀为主。而在历史上,凡是对民俗文化、宗教文化、审美文化等社会文化生活起积极作用的传统工艺都能经受得起历史的洗礼,得到国家和社会的保护,成为重要的文化遗产延续发展。所以今天,保护传统影雕艺术最好的方式还是要让它在现代社会文化生活中起作用。让影雕的应用领域不断扩大。新的功能和作用不断被挖掘。除了传统的小幅工艺品和旅游纪念品外,还要使影雕艺术广泛应用到大型户外景观、场馆、墓园、公园、寺庙、酒店、公司等装饰壁画上,参与到城市文化的建设与发展中,对社会文化和传统工艺起到推广宣传作用。

(二)积极参与交流、扩大知晓度

一种艺术的生命力顽强与否,发展交流、与时俱进是关键。影雕艺术要想跟上时代的步伐,仅单纯依靠祖传的锤打斧凿之技是不够的,要有潮流观念的创新性。扩大合作领域,拓宽宣传渠道,多与大型企业及市政单位合作、交流和探索,积极参与国内外各大城市举办的各类型展销会、展览会、博览会等。近年来国内的很多工艺美术博览会的获奖作品都有影雕艺术的身影。2006年,惠安的知名影雕大师还受中俄国际贸易部邀请,远赴俄罗斯参加中俄国际展销、贸易洽谈会,期间与当地一些知名的艺术家和雕刻行业的人士相互交流、学习,从而使自己的技术含量和专业水平有了很大的提高,作品也赢得了海内外各界人士和客户的认可和青睐;同时使影雕艺术这一传统

民族工艺迈向了国际大舞台，为弘扬传承民族文化，发展新的庞大的消费群体和收藏市场做出了积极一步。

（三）弘扬纯手工艺术、提高行业素质

影雕艺术真正的价值体现于手工艺术所蕴含的价值，而目前，老一代影雕艺人已逐渐退休，全国从事影雕艺术的娴熟工匠不足 500 人。与此同时，随着科技的进步，珍贵的传统手工雕刻技艺正日渐为机械化所取代。传统的技艺是在师徒间或家族中以口传心授方式承传的，多处于封闭状态，现代工厂内的学徒很难真正学到传统石雕工艺的精髓，故整个影雕行业后继乏人。再加上雕匠艺人文化程度普遍较低，对传统石雕工艺的静态保护及理论研究投入不足，没有全面展开等方面的问题，影雕艺术的传统技艺日益陷入濒危状态，亟待扶持和救护。因此，我们应该积极弘扬影雕艺术的纯手工特色，让每一件产品都富有个性，成为独一无二的艺术作品，要提高从业人员的文化素质，让他们更多学习和理解中国传统文化知识，尽力以现代生活内容丰富影雕艺术的内涵，使传统影雕艺术意蕴多元化。给影雕匠人开设一些创意设计方面的讲座，让他们学一点装饰雕塑的设计原理，懂得轻松地利用各种装饰要素，使创作意识成为自觉，启发原始创造力。从而使其作品能体现民间影雕艺人在现代生活刺激下对原始生命力的体验，同时又有深厚的传统民间文化底蕴。

影雕艺术是社会发展的综合文化现象，传递着特定人文历史背景下的文化气息，呈现出民族特色，是中国千年来社会群体精神意念与理想教化的真实写照。影雕艺术的传承与发展，都必须考虑到自身文化特性和特定历史时

期的社会土壤，当一种艺术创造深深地渗透文化传承的精神烙印时，它才能被很好地继承并发扬光大。也只有这样，影雕艺术才能在商品经济时代得以更好的传承与发展。期待有更多人会去认识影雕、探究保护影雕，把这一传统民族工艺发扬光大，并融入现代文明之中，让民族文化艺术的瑰宝在现代社会中放射出绚丽光彩，在中国现代化城市建设中展现巨大活力。

参考文献

[1] 李建中. 中国文化概论 [M]. 武汉：武汉大学出版社，2015.

[2] 韩卫东. 论中国传统文化的现代价值 [J]. 理论前沿，2007（02）.

[3] 朱思阳. 中国传统文化的现代价值导向作用研究 [J]. 金田，2014（12）.

[4] 罗荣渠. 现代化新论 [M]. 北京：北京大学出版社，2004：17，131.

[5] 刘富珂. 论中国传统文化对现代化的影响 [J]. 理论观察，2013（03）：16-17.

[6] 费孝通. 乡土中国·生育制度 [M] 北京：北京大学出版社，1998：49-50.

[7] 塞缪尔·P·亨廷顿. 变动社会中的政治秩序 [M]. 上海：上海三联书店，1989：7，368.

[8] 汤一介；乐黛云，杨浩，编. 中国传统文化的特质 [M]. 上海：上海教育出版社，2019.

[9] 张海晏. 中国文化"和"的精神 [J]. 资治文摘（管理版），2009，（01）.

[10] 仲小燕. 论中华传统德性文化 [J]. 思想政治课教学，2016，（07）.

[11] 徐丽娜. 中西悲剧比较探微 [J]. 开封教育学院学报，2015，（10）.

[12] 习近平谈治国理政 [M]. 北京：外文出版社，2014.

[13] 肖东发. 中国文化"走出去"要解决的三个问题 [J]. 出版广角，

2015（11）.

[14] 李建军.中华文化走出去新视角[J].新疆师范大学学报：哲学社会科学版，2015（4）.

[15] 马克思，恩格斯.共产党宣言[M].中共中央马克思恩格斯列宁斯大林著作编译局，译.北京：人民出版社，2014.

[16] 陈秉公.探索当代中国文化发展的现实道路[J].理论界，2017（9）：18.

[17] 曲文军.中国传统文化与现代化[M].济南：山东人民出版社，2011.

[18] 张岱年.中国哲学大纲[M].北京：中国社会科学出版社，1982.

[19] 赵海月，王瑜.中国传统文化中的生态伦理及其现代性[J].理论学刊，2010.

[20] 佘正荣.中国生态伦理传统的诠释与重建[M].北京：人民出版社，2002.

[21] 余谋昌，王耀先.环境伦理学[M].北京：高等教育出版社，2004.

[22] 潘吉星.李约瑟文集·李约瑟博士有关中国科学技术史的论文和演讲集[M].沈阳：辽宁科学技术出版社，1986.

[23] 罗荣渠.现代化新论-世界与中国的现代化进程[M].北京：商务印书馆，2009.